... NAUTIQUE

UNIVERSELLE

SUIVIES D'UNE TÉLÉGRAPHIE NAUTIQUE UNIVERSELLE PAR DIX SIGNES

D'UN SYSTÈME DE SIGNAUX EN CALME,

ET D'UN SYSTÈME DE SIGNAUX DE NUIT ET DE BRUME;

PAR J. CATHÉRINEAU,

CAPITAINE AU LONG-COURS,

CHEVALIER DE LA LÉGION D'HONNEUR, MEMBRE DE L'ACADÉMIE NATIONALE, AUTEUR DE PLUSIEURS OUVRAGES
SUR LA MARINE, ET SUR LES CONSTRUCTIONS NAVALES.

BORDEAUX,

IMPRIMERIE J. GOUNOUILHOU, SUCCESSEUR DE H. FAYE,
PLACE PUY-PAULIN.

1857

CONSIDÉRATIONS GÉNÉRALES

SUR LA

TÉLÉGRAPHIE NAUTIQUE

UNIVERSELLE

SUIVIES D'UNE TÉLÉGRAPHIE NAUTIQUE UNIVERSELLE PAR DIX SIGNES,

D'UN SYSTÈME DE SIGNAUX EN CALME

ET D'UN SYSTÈME DE SIGNAUX DE NUIT ET DE BRUME,

PAR J. CATHÉRINEAU,

CAPITAINE AU LONG-COURS,

CHEVALIER DE LA LÉGION D'HONNEUR, MEMBRE DE L'ACADÉMIE NATIONALE, AUTEUR DE PLUSIEURS OUVRAGES

SUR LA MARINE ET SUR LES CONSTRUCTIONS NAVALES.

BORDEAUX,

IMPRIMERIE G. GOUNOUILHOU, SUCCESSEUR DE H. FAYE,

PLACE PUY-PAULIN, 1.

1857

TABLE DES MATIÈRES.

ERRATUM. — Page 52, ligne 9, après le mot *national*, ajoutez : *du navire qui fait le signal.*

INTRODUCTION.

La télégraphie nautique est la science de correspondre à la mer, à de grandes distances, au moyen de signaux de convention.

Bien des méthodes ont été proposées : toutes m'ont paru plus ou moins défectueuses et laisser de graves lacunes dans les moyens de communication à la mer, surtout pour devenir *télégraphie universelle*.

C'est afin de combler ces lacunes que j'ai composé un système de *Télégraphie nautique universelle*. J'ai l'espoir d'avoir atteint le but.

Mais avant de donner la description de mon travail, il est nécessaire que j'entre dans quelques considérations générales sur l'état actuel de cette science, et sur deux méthodes employées actuellement par la marine marchande : celle de Marriat, d'origine anglaise, et celle de Reynold, d'origine française.

Lorsque le Code de signaux Marriat fut publié, il n'y avait aucun système de télégraphie nautique adopté par les marines du commerce ; aussi ce livre fut-il reçu avec un certain empressement, malgré son insuffisance et ses imperfections, qui étaient le résultat de l'enfance de cette science.

Ces vices du livre Marriat viennent de ce que l'auteur n'a pas donné d'éléments suffisants pour faciliter la rapidité, si nécessaire dans les communications à la mer, et qu'il a disposé son livre de telle sorte qu'il est impossible d'en faire de bonnes traductions en d'autres langues, à cause des sens divers que présentent un très-grand nombre de mots et de la différence des initiales des mêmes mots dans des langues différentes. Ces bases défectueuses devaient nécessairement conduire à des difficultés insurmontables pour faire de ce Code de signaux une bonne télégraphie nautique *universelle*.

C'est pour cela que le traducteur du Code Marriat en français n'a pu disposer les articles de sa traduction par ordre alphabétique ; il trouva de telles difficultés pour traduire le VIe chapitre de ce livre, qu'il se vit forcé de donner les divers sens d'une foule de mots ; et comme ces divers sens d'un même mot n'ont qu'un seul et même numéro d'ordre, on est exposé à de continuelles et graves erreurs, qui, dans certains cas, pourraient compromettre la sûreté des navires.

Aussi, et c'est prudent, ne se sert-on de ce livre, pour les communications internationales à la mer, que pour signaler les phrases du Ve chapitre, qui sont toutes faites, et dont, pour cela, le sens est suffisamment déterminé ; mais il serait bien difficile, sinon impossible et dangereux, de composer des phrases à l'aide des mots du VIe chapitre, dont une bonne traduction est tellement impossible, que l'éditeur du Code Marriat vient de publier (1856) une édition de ce livre dite *en français,* où on trouve le Ve chapitre en français et le VIe chapitre en anglais ; il s'en suit que cette édition ne peut servir aux marins de l'une ni de l'autre nation. Il n'était pas possible de reconnaître plus complétement son impuissance à traduire le VIe chapitre.

Certainement, quoique le nombre des phrases du Ve chapitre soit bien restreint, il peut suffire dans certains cas ; mais dans une foule d'autres, il est bien insuffisant, et les communications impossibles. Or, il ne sera permis de donner le nom de télégraphie nautique *universelle* qu'à celle qui donnera les moyens de communiquer dans tous les cas possibles.

Si nous examinons la méthode employée par Marriat pour exprimer les numéros d'ordre de son Code de signaux, nous la trouverons également vicieuse : basée sur le principe de dix signes représentant les dix chiffres de la numération, qui est bien le meilleur, mais qui a l'inconvénient de ne donner qu'un seul signe pour exprimer chaque chiffre, d'où il suit qu'on n'a pas les moyens d'exprimer les nombres composés de plusieurs chiffres de la même espèce, comme 3,333, 44,444, etc., etc.

Au lieu de vaincre cette difficulté, Marriat s'est contenté de la tourner en sautant tous les nombres où le même chiffre est répété plusieurs fois ; cela lui a fait perdre un nombre considérable de numéros d'ordre, et l'a forcé de diviser son Code de signaux en six chapitres portant les mêmes numéros d'ordre, ce qui rend les recherches très-difficiles et fait exprimer à chaque numéro d'ordre six choses différentes.

Ce dernier inconvénient surtout est très-grave, puisqu'il met dans la nécessité d'indiquer le chapitre auquel appartient un signal, au moyen d'un signal distinctif hissé sur un autre point que celui où est hissé le signal principal, et que cela peut conduire à de graves erreurs : ainsi, il peut arriver que la position de celui qui reçoit le signal soit telle qu'il aperçoive le signal principal et non le signal distinctif qui indique le chapitre auquel il se rapporte.

La marche suivie par Marriat l'a également conduit à ne pouvoir exprimer certains nombres purement numériques, composés de plusieurs chiffres de la même espèce, sans scinder le signal en plusieurs signaux, ce qui est une perte de temps considérable.

Dans son édition de 1856, l'éditeur de Marriat a modifié l'ouvrage sur ce dernier point. Il est évident que cette modification a été prise à ma brochure de 1855 sur la télégraphie nautique ; il en est de même pour les signaux de nuit et en calme ; mais tout cela a été défiguré.

Maintenant, si nous examinons la télégraphie Reynold, nous ne la trouverons certainement pas meilleure que celle de Marriat ; elle est même pire à certains points de vue. Cet auteur se trouvant en face des mêmes difficultés, s'est, comme Marriat, contenté de les tourner au lieu de les résoudre.

D'abord, son Code, comme je l'ai dit dans ma brochure de 1855, qui est restée sans réponse, est un véritable répertoire de confusions, de lenteurs dans la pratique, et d'impossibilités matérielles (voir les notes à la page 11 et suivantes), où on a jeté les mots et les phrases sans en déterminer le sens, ce qui peut occasionner des erreurs funestes à la sûreté des navires, conduit à des difficultés insurmontables pour en faire de bonnes traductions en d'autres langues, et rend cet ouvrage complétement inutile aux marins pour les communications *internationales ;* ce qui le prouve, c'est que depuis deux ans que ce livre est publié, la traduction n'a pu en être faite convenablement en aucune langue étrangère ; car on ne saurait compter la traduction anglaise qui en a été faite en 1855, puisque c'est un amphigouri inextricable qui ne peut être considéré que comme un essai qui n'a pu aboutir. Cela est constaté par des faits, et par des rapports de mer de capitaines anglais, publiés dans les journaux de cette nation.

Ainsi, considéré au point de vue des communications internationales, le Code de signaux Reynold est une charge complétement inutile pour la marine du commerce de France, à laquelle il est imposé ; c'est une exploitation de cette marine par la librairie.

Le livre Reynold donne deux méthodes pour exprimer les numéros d'ordre de son vocabulaire, qui sont encore plus mauvaises que celle adoptée par Marriat. La première, qui était employée depuis longtemps, dans de rares occasions, pour la télégraphie nautique dont se servait la marine militaire de France, donne bien le moyen d'exprimer quelques nombres de plus que la méthode de Marriat; mais cela ne lève nullement la difficulté des nombres composés de plusieurs chiffres de la même espèce, et a l'inconvénient de conduire à une foule de règles (vingt-une ou vingt-deux), ce qui embrouille considérablement les signaux et peut causer de graves erreurs.

La deuxième méthode, dite *économique*, par trois signes, et qui est plus particulièrement destinée à la marine du commerce, est tout ce qu'il était possible d'imaginer de plus mauvais, puisqu'elle conduit à des lenteurs interminables et à des impossibilités matérielles (voir la note 17, page 17, et l'état page 17).

Après la publication de ma brochure de 1855, on a profondément modifié d'autres éditions du Code Reynold sur les points que j'avais indiqués comme étant défectueux, notamment sur la manière d'exprimer les nombres purement numériques, qui avait été complétement négligée dans la première édition; car à qui fera-t-on croire que c'est par suite de fautes typographiques que tous les adjectifs numéraux cinq, dix, vingt, etc., avaient été mis sous les dénominations de cinquième, dixième, vingtième, etc.? Mais cet ouvrage péchant par la base, toutes ces modifications n'ont fait que le rendre plus mauvais et plus inutile, puisque les marins français munis de la première édition ne sauraient, en bien des cas, s'entendre avec ceux munis de la seconde édition (voir les notes 3, 7, 8, 10 et 11, page 12 et suivantes).

Peut-être profitera-t-on encore des avis que je donne ici pour modifier de nouvelles éditions du Code Reynold, mais alors je ne sais quel nom d'auteur elles devront porter.

Maintenant, si nous examinons les signes, pavillons, flammes, etc., etc., employés par Marriat et Reynold pour faire les signaux, il est facile de voir qu'on y a jeté les couleurs au hasard, sans tenir compte du parti qu'on pouvait en tirer; par exemple, il serait facile de confondre les pavillons 1ᵉʳ et 3ᵉ, les pavillons 2ᵉ et 4ᵉ, à cause de la similitude qu'ils ont entre eux à la gaîne, et que, d'un petit vent, cette partie du pavillon est seule visible, parce qu'elle peut se déployer, alors que la queue est pendante et reste enroulée sur elle-même.

Les flammes, longues bandes étroites dans toutes leurs parties, sont difficilement visibles, alors qu'on distingue bien les pavillons, et prêtent tellement aux erreurs, que Reynold recommande, dans sa deuxième édition, page XII, de les séparer par un pavillon, ce qui ouvre encore une porte à l'erreur (voir note 10, page 14).

Au lieu de conserver à chaque couleur composant un signe la plus grande dimension possible, on les a divisées en petites bandes, on en a fait de petits ronds, de petites étoiles, de petites croix, etc., etc., qui, étant d'une bien moindre dimension que les parties du pavillon qui les entourent, restent parfaitement invisibles, alors qu'on distingue très-bien ces autres parties.

Comme on le voit, partout confusion et sujet d'erreur ; et qu'on ne croie pas que c'est aux séries de pavillons Marriat et Reynold seules qu'on a procédé ainsi : on retrouve cela à toutes les séries employées par les diverses nations maritimes.

En protégeant le système de signaux Reynold, et en le rendant obligatoire pour les navires du commerce français, même pour les plus petits caboteurs, l'administration de la marine avait la pensée louable de remplacer le Code de signaux Marriat, qu'elle avait reconnu défectueux, par le Code de signaux Reynold, qu'elle croyait meilleur, afin de faciliter les communications internationales à la mer. Malheureusement, il n'en a pas été ainsi ; elle a atteint un but diamétralement opposé, puisque les marins du commerce étranger continuent de se servir du système Marriat, alors que les marins du commerce français sont obligés de se servir *exclusivement* du système Reynold.

Les marins français auront donc bien rarement l'occasion de se servir du Code Reynold, puisqu'ils rencontrent à la mer cent navires étrangers contre un navire français, et que, d'ailleurs, dans bien des cas, comme je l'ai déjà dit, ils ne pourront pas s'entendre entre eux.

Les communications internationales des marines du commerce sont donc devenues impossibles.

Il ne faut pas oublier, et c'est un fait qui n'est pas assez connu, que, sur la demande de l'administration de la marine française, plusieurs nations maritimes ont adopté le Code Reynold « seulement pour les communications à établir entre leur marine militaire et celle de l'Empereur. » Comme on le voit, il n'est nullement question des marines du commerce, qui, restant libres de choisir, ont préféré le Code Marriat, quoique imparfait, mais qui l'est à un degré moindre que celui de Reynold.

Pour compliquer à plaisir les choses, chacune des nations qui ont adopté le Code Reynold *pour leur marine militaire* a voulu avoir ses signaux particuliers : les Anglais, pour échapper à la foule de règles que crée le système français, ont adopté dix flammes au lieu de quatre ; les Hollandais ont voulu conserver un système de signaux avec lequel il est impossible d'exprimer quelques centaines d'articles du Code Reynold, etc., etc. (voir la note 16, page 16).

Comme on le voit, soit pour les communications internationales des marines militaires, soit pour celles des marines du commerce, la télégraphie Reynold a complétement manqué le but ; bien plus, elle prive les marins français d'avoir à leur diposition toute autre télégraphie nautique capable de leur rendre de meilleurs services.

Déjà, de nombreuses réclamations ont été faites, par des Chambres de commerce et par un grand nombre de capitaines de la marine marchande, contre le Code Reynold, soit par pétitions, soit par des articles insérés dans les journaux. Il est évident qu'on ne pourra sortir de ce chaos qu'en suivant la marche indiquée par la Chambre de commerce de Bordeaux, dans une lettre qu'elle adressa dans le temps à M. le Ministre de la marine, à propos de la télégraphie Reynold et de celle que j'ai publiée dans ma brochure de 1855, marche qui consisterait à réunir une commission d'hommes compétents de toutes les nations maritimes, chargée de choisir une télégraphie nautique universelle, la plus parfaite possible, parmi celles déjà connues et celles qui pourraient être proposées, laquelle deviendrait obligatoire pour toutes les nations, soit pour le code, soit pour les signaux.

Espérons que M. le Ministre de la Marine prendra quelques mesures énergiques pour faire sortir les marins de cette fausse position pour leurs communications à la mer.

Les hommes généreux de toutes les nations doivent appeler de tous leurs vœux la réalisation de cette bonne pensée, qui peut être si utile aux intérêts généraux du commerce maritime, et surtout à l'humanité, car souvent d'un renseignement donné à propos peut dépendre le salut d'un navire, d'une riche cargaison, et, ce qui est bien plus précieux encore, la vie des hommes qui sont à bord.

En attendant la réalisation plus ou moins éloignée de cette mesure, il est du devoir des hommes qui se sont occupés de cette matière de produire leurs travaux sur cette importante question. C'est dans ce but qu'en 1855 j'ai publié une brochure sur la télégraphie nautique, et que je publie celle-ci sur le même sujet, qui, comme la première, sera distribuée gratuitement aux hommes compétents.

Je serai suffisamment récompensé de mes travaux et de mes sacrifices pécuniaires s'ils peuvent contribuer à doter les marines de toutes les nations d'une *bonne télégraphie universelle*.

Il est facile de voir que la télégraphie nautique que j'ai donnée dans ma brochure de 1855 n'était pas le dernier mot de mes idées sur cette science; j'avais cru devoir faire des concessions au passé, et notamment au nombre et à la nature des signes déjà en usage; mais l'état d'anarchie dans lequel on est tombé m'a fait penser qu'on ne pouvait en sortir que par une réforme radicale. C'est pour cela que je publie aujourd'hui mon travail, dégagé de toute préoccupation du passé. Je crois que c'est le meilleur moyen de fournir les éléments d'une bonne télégraphie universelle, qui, avec une grande précision, joigne à la précieuse économie du temps dans les communications, celle non moins précieuse de l'argent à dépenser pour se procurer le Code et les objets propres à faire les signaux; il faut que le prix en soit si modique, qu'il se trouve à la portée du plus humble navigateur.

Je le dis ici sans craindre d'être contredit par les hommes compétents qui en ont fait l'expérience à la mer, toutes ces méthodes dites *économiques* par trois ou quatre signes, ne sont qu'un leurre auquel il est temps de renoncer, parce qu'indépendamment des lenteurs d'exécution qu'elles entraînent, les signes qu'elles emploient sont de si petite dimension, qu'ils ne peuvent être aperçus qu'à de faibles distances, et il serait vraiment absurde de s'amuser à faire des signaux à l'aide d'un chapeau ou d'une paire de bottes, objets qu'on ne peut apercevoir que de très-près, alors qu'il serait bien plus prompt et plus simple d'échanger les communications à l'aide du porte-voix, ou d'écrire les numéros d'ordre du Code de signaux en grands caractères, avec du blanc-d'Espagne, sur les *pavois* noirs du navire.

Je ne saurais trop le répéter, on ne peut espérer d'échanger convenablement des signaux à la mer qu'à l'aide de pavillons ou d'objets visibles à une grande distance, et si je donne moi-même les moyens de se passer de ces objets, pavillons ou ballons-réductibles, en les remplaçant par des vêtements, qu'on a toujours à sa disposition, c'est pour que mon travail soit complet en tous points, et pour parer au manque absolu de série qui pourrait survenir par cas fortuit; et encore, ai-je voulu qu'on pût, à l'aide de ces vêtements, faire les signaux aussi rapidement qu'avec la série de pavillons. Je n'aurais jamais osé offrir aux marins une méthode qui n'aurait pas rempli cette condition essentielle, sur laquelle il n'est permis de transiger que pour les signaux de nuit et de brume, à cause des difficultés particulières qu'ils présentent.

Le titre que je donne à mon ouvrage m'impose de grandes obligations: je n'ai pas reculé devant ce travail long et difficile, et j'ai la confiance que les marins du commerce, auxquels il est plus particulièrement destiné, reconnaîtront que je n'ai rien négligé pour le rendre digne de leur approbation et pour atteindre le but que je me suis proposé, qui est:

1° De donner une télégraphie nautique universelle, dont la série de pavillons ne se compose que de *dix* signes, et ne coûte, Code compris, que 60 à 70 fr.; au lieu de seize à dix-sept signes qu'exigent les télégraphies Reynold et Marriat, et qui coûtent de 140 à 160 fr., Code compris;

2° Que cette série de dix signes soit combinée de telle sorte qu'on puisse exprimer, d'une manière simple et facile, tous les nombres possibles, quoique le même chiffre soit répété plusieurs fois;

3° De composer un vocabulaire très-étendu de mots et phrases relatives

à ces mots, rangés par ordre alphabétique et ne formant qu'un seul chapitre ; que le sens des mots et phrases y soit toujours bien déterminé, afin
d'éviter les équivoques et faciliter la traduction en d'autres langues ; de
joindre à ce vocabulaire des tables d'éléments utiles aux communications
à la mer, destinées à donner une grande rapidité dans les signaux ;

4° De donner à chaque article des éléments composant le Code un numéro d'ordre *qui ne soit jamais répété dans le cours de l'ouvrage,* afin
d'éviter toute erreur ;

5° De donner le moyen de traduire mon Code en toutes les langues, en
conservant aux traductions l'arrangement par ordre alphabétique, sans ré-
pétitions, malgré la différence des initiales des mêmes mots dans différentes
langues et malgré les différents sens que peuvent présenter ces mots ;

6° De donner un système de signaux de jour exempt des inconvénients
qu'ont les pavillons en calme, et dans certaines circonstances où les interlocuteurs sont dans le lit du vent les uns par rapport aux autres ;

7° De donner un système de signaux de nuit et de brume peu dispen-
dieux et aussi satisfaisant que les difficultés qu'ils présentent le permettent ;

8° Enfin, de donner les moyens de suppléer au manque absolu de série
de pavillons, à l'aide d'objets qu'on a toujours à sa disposition, en conservant aux signaux la même rapidité qu'avec la série de pavillons.

J'ai dit que mon vocabulaire serait très-étendu, c'est-à-dire qu'il con-
tiendrait le plus grand nombre possible de phrases toutes faites, afin que
les marins soient toujours sûrs d'en trouver une qui rende suffisamment
leur pensée ; le pire de tout serait qu'ils fussent obligés de composer les
phrases mot par mot, à cause de la grande perte de temps que cela oc-
casionne, ce qu'il faut soigneusement éviter, car les navires du commerce
n'ont pas de temps à perdre à la mer, puisque souvent d'une prompte
traversée dépend la réussite d'une opération commerciale ; il faut donc
qu'ils puissent faire leurs communications en continuant leur route, c'est-
à-dire très-rapidement.

Qu'importe que, pour obtenir ce résultat, le Code de signaux contienne
quelques pages de plus ; cela ne peut influer que médiocrement sur son
prix de revient, en conservant, bien entendu, la même facilité aux recherches ; ce serait donc une grave faute d'en agir autrement.

Ai-je atteint le but que je me suis proposé ? Je l'espère, puisqu'au lieu
de tourner les difficultés, comme ont fait Marriat et Reynold, je me suis
appliqué à les résoudre.

Mon travail a-t-il une véritable supériorité sur ceux de Reynold et
Marriat et peut-il les remplacer utilement ? C'est aux hommes compétents

à juger. Pour cela, il leur suffira de lire attentivement la présente brochure, de faire des expériences à l'aide des extraits des vocabulaires français, anglais et espagnols (voir à la fin les tableaux n°s 1 à 5), et des autres éléments tabulaires, et surtout des tables de traduction.

Pour leur faciliter cette appréciation, je vais terminer cette introduction par quelques comparaisons de mon travail avec les Codes Marriat et Reynold.

Les matières contenues dans les trois ouvrages sont à peu près :

	CATHÉRINEAU.	MARRIAT.	REYNOLD.
1º Mois et phrases du vocabulaire..................	33,400 art.	9,500 art.	11,600 art.
2º Noms des navires de guerre et du commerce........	34,000 —	16,000 —	23,000 —
3º Noms des ports, caps, rades, etc...............	19,000 —	5,000 —	2,900 —
4º Table syllabique...........................	10,000 —	nul.	494 —
5º Table des mois et quantièmes..................	365 —	nul.	nul.
6º Table des prénoms..........................	1,100 —	nul.	nul.
7º Table pour signaler les secondes de temps et de degrés.	60 —	nul.	nul.
8º Table pour signaler les millimètres.............	10 —	nul.	nul.
9º Table pour signaler les nombres au-delà de 100,000.	2,000 —	nul.	nul.
Totaux........	99,935 art.	30,500 art.	37,994 art.

C'est donc une différence, en faveur de mon Code de signaux, de 69,435 articles avec Marriat, et de 61,941 articles avec Reynold. On conçoit déjà combien les communications seront plus rapides au moyen de mon Code, puisqu'on aura beaucoup plus d'éléments de la conversation à sa disposition pouvant s'exprimer par un seul signal, surtout beaucoup plus de phrases toutes faites.

Je ferai remarquer, en outre, que Marriat, pour composer son Code de 30,500 articles environ, a été obligé de diviser son livre en six chapitres, à chacun desquels la numération est répétée, d'où il suit que chaque numéro d'ordre s'applique à six choses différentes. Dans le Code Reynold, pour 37,994 articles environ, la numération est répétée cinq fois : chaque numéro d'ordre s'applique donc à cinq choses différentes. La numération de mon Code ne se répète nullement, en sorte que chaque numéro d'ordre ne s'applique qu'à un seul et même article. Il est facile de comprendre la supériorité de précision et la facilité de recherches que cela donne à mon système.

Ma série de pavillons contient dix signes, coûtant de 40 à 50 fr., et permettant d'exprimer 100,000 articles en comptant le zéro.

La série Marriat contient seize ou dix-sept signes, coûtant de 120 à 140 fr., et ne permet d'exprimer que 5,000 articles environ.

La série Reynold contient aussi seize ou dix-sept signes, coûtant de 120 à 140 fr., et ne permet d'exprimer que 16,000 articles environ.

Le système Cathérineau est basé sur ce principe, qu'on peut exprimer tous les nombres possibles, de 0 à 99,999, en ne mettant jamais plus de un à cinq signes dans un signal (¹). Reynold et Marriat sont complétement impuissants pour atteindre ce résultat.

Le système Cathérineau n'emploie que quatre signes auxiliaires de la numération, en ne suivant qu'une seule règle ; le système Reynold emploie aussi quatre signes auxiliaires de la numération, mais au moyen de vingt-une ou vingt-deux règles qui embrouillent beaucoup les signaux.

Quant à la méthode Cathérineau pour exprimer les numéros d'ordre sans série de pavillons au moyen du système économique, elle permet de faire les signaux aussi rapidement qu'avec la série de pavillons ; celle de Reynold est si lente, qu'elle devient souvent impossible dans la pratique ; Marriat ne donne pas de méthode économique.

Le Code Cathérineau donne une méthode de signaux en calme, par les ballons-réductibles ; ni Reynold ni Marriat n'en donnent, au moins dans les éditions antérieures à 1856, c'est-à-dire avant la publication de ma brochure de 1855.

Le système Cathérineau fournit une table de traduction permettant de traduire son Code dans toutes les langues, en conservant aux traductions l'ordre alphabétique ; Marriat ni Reynold n'ont pas de table semblable ; de là l'impossibilité de traduire leur Code convenablement, surtout pour les mots qui ont des synonymes.

Le système Cathérineau renferme des signaux de nuit et de brume qu'on peut considérer comme suffisants ; ceux que donne Reynold ne peuvent être acceptés, et Marriat n'en contenait pas encore avant la publication de ma brochure de 1855.

Le Code Cathérineau donne une table syllabique très-étendue, permettant d'exprimer les noms de navires, de personnes, et tous les éléments qui pourront ne pas se trouver dans ce Code, très-rapidement ; celle que contient le Code Reynold est insignifiante, et Marriat n'en donne aucune.

Enfin, voici la comparaison du nombre de signaux qu'il faut à chacun des systèmes pour signaler les choses suivantes ;

(¹) L'expérience a prouvé qu'il n'y a aucun inconvénient à ce qu'un signal contienne cinq signes à la fois, puisque, depuis bien des années, cela a été employé pour le Code Marriat sans réclamation de la part des marins. Certainement, il serait préférable de ne jamais mettre plus de trois signes, mais cela n'est possible qu'en composant la série de pavillons d'un très-grand nombre de signes, qu'on superpose les uns sur les autres ; et encore, par ce moyen, on ne peut obtenir qu'un nombre insuffisant d'articles pour composer une bonne télégraphie universelle ; ce qui le prouve, c'est que cette méthode, qui est usitée pour les signaux de la tactique militaire de France, ne fournit que 2 ou 3,000 articles au moyen du nombre énorme de trente-sept signes.

POUR SIGNALER :	PAR LE SYSTÈME CATHÉRINEAU.	PAR LE SYSTÈME REYNOLD.	PAR LE SYSTÈME MARRIAT.
Les heures, minutes et secondes.........	série de pavillons... 1 signal. système économique 1 —	série de pavil^os. 5 à 10 signaux système économ. 8 à 30 —	série de pavil^ns. 2 à 6 signaux nul.
Les degrés et minutes de latitude et longitude..	série de pavillons... 1 — système économique 1 —	série de pavil^ns. 4 à 10 — système écon.. 10 à 30 —	série de pavil^ns. 1 à 2 — nul.
Les mètres et centimèt^s.	série de pavillons... 1 — système économique 1 —	série de pavil^ns. 4 à 20 — système écon.. 10 à 30 —	série de pavil^ns. 2 à 6 — nul.
Les milles marins et dixièmes.........	série de pavillons... 1 — système économique 1 —	série de pavil^ns. 4 à 10 — système écon.. 10 à 30 —	série de pavil^ns. 2 à 4 — nul.
Les nombres au-dessus de 100,000......	série de pavil^ns. 1 à 3 — système économ. 1 à 3 —	série de pavil^ns. 4 à 10 — système écon.. 10 à 30 —	série de pavil^ns. 4 à 10 — nul.
Les noms de navires...	série de pavillons... 1 — système économique 1 —	série de pavillons.... 1 — système économ. 6 à 9 —	série de pavillons.. 1 — nul.

Je crois en avoir assez dit pour que les hommes compétents puissent se prononcer entre les trois systèmes de télégraphie que je viens de comparer, et j'espère bien que les dix années que j'ai passées à élaborer ma *Télégraphie nautique universelle* ne seront pas perdues pour cette science. Déjà, la publication de ma brochure de 1855 a fait comprendre à Marriat et à Reynold qu'on pouvait faire mieux qu'ils n'avaient fait à leurs premières éditions, puisqu'ils ont profondément modifié celles postérieures à ma publication.

NOTES DE L'INTRODUCTION.

1re Note. — Quels sont les résultats qu'on peut espérer d'un Code de signaux où le même numéro d'ordre veut dire deux choses bien différentes ? où, par exemple, le n° 11,104 veut dire *maïs* (conjonction) et *maïs* (grain) ; le n° 16,518, *seulement* et *seul ;* le n° 847, *ailleurs* et *d'ailleurs ;* le n° 6,463, *dix* et *dixième ;* le n° 4,843, *compte* et *à-compte ;* le n° 7,683, *Europe* et *pointe d'Europe ;* le n° 37, *est* (air de vent) et *est* (du verbe être) ; le n° 4,102, *Cette* (ville de France) et *cette* (adjectif démonstratif) ; le n° 11,703, *mille* (mesure linéaire) et *mille* (nombre) ; où la plupart des verbes, qui n'ont que l'infinitif pour remplir les fonctions de tous les temps, sont embrouillés par ces mêmes verbes mis au réfléchi et portant le même numéro d'ordre, etc., etc. ? Tel est le Code Reynold.

Certainement, il est des cas où ce qui précède ou qui suit dans une communication indique le sens ; mais il en est une foule d'autres où cela peut occasionner de graves erreurs. Or, il suffit, pour faire repousser un Code de signaux comme dangereux, qu'il puisse causer une seule méprise capable de compromettre la sûreté d'un navire. Le Code Reynold pouvant en occasionner des milliers, devrait donc être interdit aux marins (voir les notes suivantes).

2ᵉ Note. — R doit passer un détroit dont le milieu est occupé par une île ; il n'est pas sûr si le passage est à l'est ou à l'ouest de l'île. Il rencontre V, navire du pays allant au large, et lui demande par signaux s'il fera bien de passer par la passe de l'ouest, qu'il suppose être la meilleure. V lui répond par les signaux suivants, à l'aide du Code Reynold, n'importe quelle édition : *Le passage est* (il entend du verbe être) *seul praticable*. — R, qui reçoit le signal, trouve, au nᵒ 37 de son Code Reynold, le mot *est* (air de vent), et croit que V veut lui dire que la passe de l'est est seule praticable : il passe par l'est et se perd corps et biens.

3ᵉ Note. — A dit à B : *Vous faites route dans la direction d'un banc de roches*. — B demande : *Quelle est la route à faire pour éviter tout danger ?* — A répond : *Pour éviter tout danger, la route est* (il entend du verbe être) *E.-N.-E. ; milles, 176 ; vous serez paré*. — B, qui prend le nᵒ 37 pour *est* (air de vent), interprète le signal de A de la manière suivante : *Pour éviter tout danger, la route est* (air de vent) ; *35 milles ; là vous serez paré*. Il fait route à l'est et se perd corps et biens sur le banc de roches.

J'ai supposé ici que A avait la première édition du Code Reynold, et B la seconde ; sur cent cas de cette nature, la méprise aurait lieu quatre-vingt-dix fois, même quand les interlocuteurs auraient la même édition. Il suffira, pour se convaincre de la possibilité de ces erreurs, de se poser des exemples et d'y appliquer les règles que Reynold donne, dans son introduction, sur la manière de signaler un mot ou une phrase. Il dit : « On signalera le nombre qui est avant ou qui est après le mot ou la phrase. » Donc, si on cherche le mot *est* (du verbe être) au Code Reynold, et qu'on signale le nᵒ 37 qui le suit, on aura au contraire signalé *est* (air de vent) pour celui qui reçoit le signal, puisqu'il trouve au nᵒ 37 de son Code Reynold, *est* (air de vent). L'auteur dit encore, parlant des nombres, à sa première édition : « C'est toujours par des chiffres que l'on exprime le nombre, après avoir cité l'objet. » A devait donc signaler 176 après avoir signalé *mille ;* mais B, qui reçoit le signal et qui a pris le nᵒ 37 pour l'air de vent, et 35 pour les milles, prend ensuite 176 pour le mot *là*.

4ᵒ Note. — Le commandant d'un convoi de navires du commerce, en temps de guerre, signale, à l'entrée de la nuit, le nᵒ 15,953 du Code Reynold, ce qui veut dire : *On va signaler les routes pour la nuit par milles*, puis il signale le nᵒ 49, qui, dans sa pensée, indique l'air de vent S.-O. ; il signale ensuite le n. 60, qui, pour lui, est le nombre de milles. Une partie des capitaines du convoi prend par hasard ces signaux dans le sens que le commandant entend leur donner, mais l'autre partie prend, au contraire, le n° 49 pour les milles, et 60 pour la route à suivre, qui, dans ce cas, est N. ¹/₄ N.-O. Ils font donc fausse route et se séparent du convoi; au jour, ces navires se trouvant hors de la protection du convoyeur, sont capturés par l'ennemi.

5° Note. — Un convoi est devant la baie de Palme, faisant route au large. Le temps tournant à la brume, le convoyeur signale : *En cas de séparation, le rendez-vous serait à cette baie;* mais la brume s'étant épaissie pendant les signaux, une partie du convoi distingue le signal *baie*, pendant que l'autre partie ne l'aperçoit pas et croit que le signal s'arrête au mot *Cette* (port de France), où elle suppose qu'est le rendez-vous. Le convoi est dispersé par la brume et par un coup de vent qui lui succède : quand vient le beau temps, une partie du convoi se rend avec le convoyeur dans la baie de Palme, pendant que l'autre partie se rend à *Cette* (port de France). Que d'inquiétude pour le commandant du convoyeur, qui peut ne pas se douter qu'il y a eu méprise !

6° Note. — Deux navires naviguent de conserve pendant un fort coup de vent; S ne pouvant plus tenir la mer et ayant le projet de relâcher dans un port qui est à sa portée, mais qu'il ne connaît pas bien, croit devoir prendre conseil de son compagnon P, et lui signale : *Ne pouvant plus tenir, je vais relâcher dans le port que je vais signaler;* puis il signale le port. P, qui s'aperçoit qu'en effet son compagnon S est en détresse, et jugeant que le port qu'on lui indique est très-convenable, répond : *Relâchez; d'ailleurs vous seriez en danger.* Mais aux termes du Code Reynold, S entend : *Relâchez ailleurs, vous seriez en danger.* Persuadé que P veut lui faire entendre que le port indiqué n'est pas praticable, S se décide à faire route pour un autre port plus éloigné et moins favorablement situé par rapport au vent et à la mer; mais son navire, ne pouvant supporter cette trop longue lutte, sombre, entraînant avec lui les malheureux qui sont à bord.

7° Note. — P, muni de la première édition du Code Reynold, se conformant à ce qui est dit page LXI sur les nombres, signale à R : *Faites route au nord, milles 270, et vous serez paré de tout danger.* — R, qui a la deuxième édition, supposant que le signal 270 est un numéro d'ordre, le cherche à son vocabulaire, où il indique *un*, qu'il suppose être le nombre de milles à parcourir à la route indiquée; il fait *un* mille au nord; là, se croyant paré de tout danger, il dirige sa route en conséquence; mais, peu d'instants après, il se perd corps et biens sur les récifs qu'il croyait avoir doublés.

8° Note. — P, faisant route pour l'Europe, rencontre V, baleinier appartenant à son armateur; il lui signale : *Combien avez-vous de barils d'huile* *à bord?* — V, qui a fait bonne pêche, répond, aux termes de la première édition Reynold, dont il est muni, par le n° 2,056, voulant faire entendre qu'il a ce nombre de barils d'huile à bord. Mais P, qui possède la deuxième, prend ce nombre 2,056 pour un numéro d'ordre, et trouve à son vocabulaire qu'il veut dire *aucun;* il en conclut que V a été malheureux en pêche. A son arrivée, il annonce cette fâcheuse nouvelle à son armateur, qui, voyant sa ruine dans la non-réussite de l'armement de pêche qu'il a confié à V, se livre au plus violent désespoir et se brûle la cervelle. Quelque temps après, V rentre dans le port avec une riche cargaison d'huile.

Maintenant, si nous supposons que V a été malheureux dans sa pêche, qu'il n'a *aucun* baril d'huile à bord, et que c'est lui qui est muni de la deuxième édition du Code Reynold, il signalera *aucun* par le n° 2,056, que P, muni de la première édition, prendra pour un nombre; d'où il conclut que V a fait bonne pêche, puisqu'il a 2,056 barils d'huile à bord. A son arrivée, P annonce cette bonne nouvelle à son armateur, qui fait faire des assurances, vend à livrer, prend des engagements, etc. Quelque temps après, il apprend la rentrée de V sans avoir rien pêché. Quel gâchis pour ce pauvre armateur! Sa ruine peut sortir de là.

9° Note. — En vue d'une rade sur le rivage de laquelle est un bâtiment en maçonnerie, et sur laquelle est également, à l'ancre, un bâtiment de mer, P signale : *Quand vous relèverez le bâtiment* (il veut dire l'édifice) *à l'air de vent q. j. v. s., mouillez;* puis il signale l'air de vent S.-O. C croyant qu'il s'agit de relever le bâtiment qui est à l'ancre au S.-O. pour être au mouillage, manœuvre en conséquence; mais cette fausse interprétation du mot *bâtiment* le conduit sur des hauts-fonds, où il se perd.

10° Note. — D, muni de la deuxième édition Reynold, signale à X, muni de la première : *Vous êtes trop près des roches,* par le n° 15,834; et en raison de ce qui est dit dans l'édition qu'il possède, page XII, sépare les deux flammes par un pavillon, — je ne sais lequel, ni l'auteur non plus. — X cherche longtemps à comprendre ce que signifie ce signal, mais ne peut y parvenir, par la raison que, dans le Code qu'il a sous la main, il n'est nullement question de pavillon séparant les deux flammes. Pendant qu'il perd son temps à chercher et à signaler qu'il ne comprend pas, son navire va de l'avant et se perd sur les roches dont il était en effet trop près.

11° Note. — S, muni de la deuxième édition Reynold, signale à R, muni de la première : *Vous pouvez sans crainte gouverner au S.-O.;* puis il hisse la flamme 3° à un autre mât, pour faire comprendre que le signal qu'il va faire est un nombre. Il attend ainsi que R réponde par l'*attention* qu'il a distingué, pour continuer sa communication, dont la suite devrait être : *15 milles, puis vous ferez route au S.-S.-E.* Mais R, qui ne connaît pas la signification de la flamme 3° comme numérique, parce qu'elle n'a pas ce sens dans son Code ; qu'au contraire, il y est dit que, hissée seule, cette flamme indique qu'on a fini les signaux ; R, disons-nous, suppose que S n'a plus rien à lui dire, et ne prête plus d'attention aux signaux ; les navires courant à contre-bord avec grande vitesse, se sont trop éloignés pour que S puisse expliquer de nouveau son signal, et R, se croyant bien fixé sur la route qu'il doit suivre, continue de courir au S.-O. Mais après avoir fait plus de 15 milles, il se perd corps et biens sur des roches.

12ᵉ Note. — B signale à D : *Au N.-O., environ 2 milles, barrique bordelaise à flot, où nous avons reconnu la marque* J.-M. Montferrant. — Il veut dire qu'à *2 milles* dans le N.-O., il a rencontré une barrique à la marque *J.-M. Montferrant*. D, prenant *mille* pour un nombre et non pour une distance, croit que B veut lui dire que, dans le N.-O., il a rencontré *deux mille* barriques à la marque *J.-M. Montferrant*, et en conclut qu'un navire de Bordeaux, chargé de barriques de vin, a dû se perdre sur des roches qu'il sait exister dans ces parages.

A son arrivée à Bordeaux, lieu de sa destination, D donne le renseignement qu'il croit avoir reçu de B. Or, on sait sur cette place que le navire *Clara*, chargé de vins, dont une grande partie à la marque *J.-M. Montferrant*, a dû passer dans les parages indiqués à l'époque fixée ; on en conclut que ce navire a dû se perdre corps et biens. Que d'inquiétude pour les familles des hommes qui sont à bord et pour les assureurs ! Quelque temps après, on apprend l'arrivée de la *Clara* à son port de destination sans la moindre avarie : la barrique rencontrée avait été jetée vide du bord de ce navire pour une cause quelconque. Qu'on juge si les personnes inquiétées par cette fausse nouvelle doivent maudire le Code Reynold !

13ᵉ Note. — Il s'agit d'un liquide logé en quarts et en barriques. F signale à L : *Que voulez-vous que je vous envoie ?* — L, qui désire cinq quarts de barrique, répond par les nᵒˢ 4,497 et 14,694 du Code Reynold. F trouvant au nᵒ 14,694 les mots *quart* et *un quart*, est dans une incertitude qu'il voudrait bien lever ; mais les navires se sont déjà trop éloignés pour pouvoir entrer en explication ; il interprète le signal, et, à son arrivée, envoie à L, à un lieu convenu, *cinq barriques et un quart*. L ne recevant pas ce qu'il a demandé, laisse pour compte, d'où il résulte un procès que les magistrats sont bien embarrassés de juger. Comment, en effet, décider lequel des deux doit payer les dommages intérêts et les frais ? En bonne justice, ce devrait être l'auteur du Code de signaux qui a causé l'erreur, puisque, en droit, qui cause un dommage doit le réparer.

14ᵉ Note. — Un convoyeur, prévoyant que les navires du convoi pourront être séparés par un coup de vent qui commence, signale : *En cas de séparation, le rendez-vous sera dans le port de Kingston*. La tempête augmentant, les navires du convoi sont en effet dispersés. Quand le beau temps

revient, une partie se rend à Kingston (Jamaïque) et l'autre partie à Kingston
(île Saint-Vincent). Quant au convoyeur, nul ne saurait dire dans lequel de
ces deux ports il s'est rendu. Quel préjudice il peut résulter d'une pareille
incertitude !

Je ferai remarquer que cette erreur peut être commise dans une foule de
cas, puisque beaucoup de localités portent le même nom, que le Code Reynold n'indique jamais de laquelle il est question, et que celui qui fait le signal
peut même ignorer ou bien oublier qu'il y a plusieurs localités portant le
même nom que celle qu'il veut indiquer.

15ᵉ Note. — Qu'on me pardonne la trivialité de l'exemple que je vais
fournir. D, muni de la deuxième édition Reynold, désire faire connaître le
nom de son navire à G, qu'il rencontre à la mer. Ce nom est *Orphan*, portant le nᵒ 1,296, qu'il signale par la méthode économique, sans se préoc-
cuper de la série à laquelle appartient ce numéro d'ordre, l'auteur ne disant
pas dans son explication de cette méthode de signaux, ni nulle part de son
livre, comment et si on doit indiquer la série. G, qui a reçu le signal, prend
1,296 pour un numéro d'ordre du vocabulaire, où il trouve le mot *âne*. Supposant avec quelque raison que D a voulu l'insulter, lui envoie quelques
coups de canon qui tuent plusieurs hommes, y compris l'insulteur, bien
innocent sans doute.

Il peut paraître incroyable que l'auteur d'un livre aussi sérieux que l'est
un Code de signaux ait oublié une chose aussi importante ; il en est cependant ainsi, et chacun peut le vérifier.

16ᵉ Note. — Un navire de guerre hollandais, en grande détresse et près de
sombrer, rencontre un navire de guerre français, que le ciel lui envoie sans
doute comme un sauveur. Il veut demander un prompt secours pour sauver
son équipage ; il cherche, à la deuxième édition du Code Reynold, une
phrase qui puisse rendre sa pensée. Le nᵒ 16,351 lui fournit celle-ci : *On
demande du secours pour sauver l'équipage,* qu'il veut signaler au moyen
de la méthode indiquée par l'auteur du Code, page XXXI et suivantes. Il
cherche longtemps comment il pourra signaler cette phrase, et finit par
s'apercevoir, mais trop tard, qu'il ne le peut faire par un seul signal. En
attendant, le navire, ne pouvant plus être maintenu à flot par son équipage
épuisé, sombre, entraînant dans l'abîme les malheureux qui sont à bord, et
cela, en présence du navire français qui aurait au moins sauvé *le monde*
s'il avait pu être prévenu à temps.

Qu'on ne croie pas que c'est seulement le nᵒ 16,351 qui se trouve dans
ce cas ; il en serait de même pour les nᵒˢ 13,021, 13,241, 13,401, 13,471,
13,651, 14,201, 14,241, 14,381, 14,481, et plusieurs centaines d'autres.

Il me faudrait écrire des volumes pour faire connaître toutes les circonstances qui, dans le Code Reynold, peuvent occasionner des erreurs funestes ;

mais je pense en avoir assez dit pour faire comprendre aux marins les dangers que ce livre présente : c'est à eux de se tenir pour avertis, ce que j'avais promis de faire dans ma brochure de 1855.

17° Note. — Pour prouver la lenteur du système Reynold par trois signes, et l'impossibilité matérielle qu'il présente pour faire à la mer les communications les plus usuelles, il me suffira de donner l'exemple suivant, que tout marin pourra vérifier, puisque je l'ai écrit la deuxième édition du Code Reynold à la main. Je ferai même remarquer que, pour prouver mon impartialité, je place, dans cet exemple, le système Reynold dans les conditions les plus favorables, en faisant les communications le plus laconiquement possible et en supposant qu'on trouve les phrases toutes faites dans le Code.

A la pointe du jour, par environ 15° de latitude nord et 37° de longitude O., A rencontre B ; les navires courent à contre-bord avec forte brise et sont par le travers l'un de l'autre, à une distance qui permet de distinguer les signaux du système Reynold par trois signes.

A, jugeant que B fait route pour l'Europe, est bien aise de se faire connaître, afin qu'on puisse donner de ses nouvelles, et, en même temps, de comparer sa longitude avec celle de B. Dans ce but, il fait les communications suivantes, auxquelles B devra nécessairement répondre : Pursuit, *venant Westport, allant Madras, longitude par chronomètre trente-neuf degrés vingt-six minutes.* — B répond : Précurseur, *venant Valparaiso, allant Marseille, longitude par chronomètre trente-neuf degrés trente-trois minutes.*

Comme on le voit, il était impossible d'abréger davantage ; seulement, je ferai observer que A et B, suivant la recommandation pressante que Reynold fait page xvii de son Instruction, et qu'il répète page xxxviii, signalent ici les nombres des degrés et minutes en toutes lettres.

Voyons maintenant le nombre de signaux que ces communications exigeront.

COMMUNICATION DE A à B.		COMMUNICATION DE B à A.	
N° 16,458, Série	5 signaux	N° 16,458, Série	5 signaux
17,928, troisième	5 —	17,928, troisième	5 —
3,184, *Pursuit*	4 —	2,790, *Précurseur*	4 —
18,208, Je viens de	5 —	18,208, Je viens de	5 —
18,705, Westport	5 —	18,097, Valparaiso	5 —
1,039, allant	4 —	1,039, allant	4 —
11,062, Madras	5 —	11,396, Marseille	5 —
10,921, longitude par chronomètre	5 —	10,921, longitude par chronomètre	5 —
17,847, trente	5 —	17,847, trente	5 —
12,310, neuf	5 —	12,310, neuf	5 —
5,826, degrés	4 —	5,826, degrés	4 —
18,398, vingt	5 —	17,847, trente	5 —
16,659, six	5 —	17,928, trois	5 —
11,736, minutes	5 —	11,736, minutes	5 —
Total des signaux de A à B..	67 signaux	Total des signaux de B à A..	67 signaux

2

Ce sont donc 134 signaux qui devront être échangés entre les deux interlocuteurs, sans y comprendre 162 mouvements de l'*attention*, qui devront également être faits par A et par B, ce qui porterait à 296 le nombre de signaux à faire; mais je veux bien m'en tenir au nombre de 134. Or, si nous supposons seulement 4 minutes par signal, ce qui est bien modéré, pour frapper et hisser les signaux, les faire parer, les distinguer, répondre par l'*attention*, indiquer que le nombre est fini, etc., etc., nous aurons : $4 \times 134 = 536$ minutes, ou 8 heures 56 minutes. Supposons, d'autre part, que les navires font 9 nœuds à l'heure chacun, cela donne 18 nœuds, puisqu'ils courent à contre-bord : 18×8 heures 56 minutes, donnent 161 nœuds ou milles marins, ou 53 lieues $\frac{2}{3}$. A et B seront donc à 53 lieues $\frac{2}{3}$ l'un de l'autre quand ils auront fini de faire la plus usuelle et la plus simple des communications que les marins puissent se faire à la mer.

Y a-t-il, oui ou non, impossibilité matérielle? à moins que l'auteur ne donne, avec chaque exemplaire de son Code, une longue-vue permettant de distinguer ses signaux à une telle distance.

En se servant de la série de pavillons du Code Reynold, A et B n'échangeraient pas moins de 24 signaux pour faire la même communication, ce qui, à 4 minutes par signal, exige 1 heure 36 minutes. Les deux navires seraient donc à 9 lieues $\frac{1}{3}$ l'un de l'autre quand ils auraient fini d'échanger leurs signaux, c'est-à-dire hors de vue. Donc, impossibilité matérielle, même avec la série de pavillons.

Tout cela pourrait paraître incroyable; mais j'ai voulu donner les numéros d'ordre, afin que chacun puisse vérifier.

Mon système de signaux, soit avec la série de pavillons ou de ballons-réductibles, soit avec les signes économiques, permet de faire les communications de l'exemple qui précède, entre A et B, au moyen de *quatre* signaux pour chaque interlocuteur, en tout, *huit* signaux.

Qu'on se pose des exemples du même genre et qu'on fasse les signaux à l'aide des extraits de mon Code que je donne plus loin, et l'on verra que ce que j'avance est de la dernière exactitude.

NOUVELLE

TÉLÉGRAPHIE NAUTIQUE

UNIVERSELLE

SYSTÈME CATHÉRINEAU.

Il y a deux choses bien distinctes dans mon système de *télégraphie nautique* : 1° le Code de signaux, où sont inscrits les mots et phrases ainsi que tous les autres éléments de la conversation, et dont chaque article porte un numéro d'ordre qui sert à l'indiquer ; 2° les signaux, qui sont la méthode au moyen de laquelle on exprime le numéro d'ordre des articles du Code, à l'aide de pavillons, flammes, ou tous autres objets de convention et propres à cet usage.

La première partie de mon travail, que j'ai traitée avec le plus grand soin et qui est prête à être mise sous presse, ne sera publiée en plusieurs langues qu'après que des expériences publiques auront fait connaître la valeur de la deuxième partie, qui est peut-être la plus importante et à laquelle il faut donner la plus grande perfection possible, puisque d'elle dépend, en quelque sorte, la plus ou moins grande clarté, la rapidité et la précision dans les communications à la mer.

C'est dans ce but que je publie la présente brochure, qu'il faut considérer comme le prospectus de l'ouvrage tout entier. Elle traite plus spécialement de la deuxième partie, c'est-à-dire de ma méthode d'exprimer les numéros d'ordre de la première partie, de laquelle je ne donne qu'un spécimen devant servir à faire des expériences qui me mettront à même de faire des corrections, s'il y a lieu, avant de publier l'ouvrage tout entier.

Comme on le voit, cette brochure peut être considérée comme une invitation aux hommes compétents de me faire connaître leur avis sur l'ensemble de mon travail. Je recevrai leurs observations avec reconnaissance ; ils peuvent me les adresser *franco* à Bordeaux, cours de Tourny, 18.

La description de ma télégraphie nautique sera donc composée de deux parties : la première aura trait au Code de signaux, la deuxième, à tout ce qui se rapporte aux signes servant à faire les signaux, et à la manière de s'en servir pour exprimer les numéros d'ordre de la première partie.

PREMIÈRE PARTIE.

DU CODE DE SIGNAUX.

Le plan de cet ouvrage m'a conduit à composer le Code de signaux des éléments suivants :

1° Un vocabulaire des mots et des phrases relatives à ces mots (voir les tableaux nᵒˢ 1, 2, 3, 4 et 5) ;

2° Une table syllabique pouvant servir à toutes les langues (voir le tableau nᵒ 6) ;

3° Une table pour signaler les mois et les quantièmes pour toute l'année (voir le tableau nᵒ 7) ;

4° Une table des noms de saints et des prénoms les plus en usage (voir le tableau nᵒ 8) ;

5° Une table pour signaler les nombres au-dessus de 100,000 (voir le tableau nᵒ 9) ;

6° Une table pour signaler les secondes de temps et de degrés (voir le tableau nᵒ 10) ;

7° Une table pour signaler les millimètres (voir le tableau nᵒ 11) ;

8° Une table géographique (voir le tableau nᵒ 12) ;

9° Une table de noms de navires de guerre et du commerce de toutes les nations (voir le tableau nᵒ 13) ;

10° Une table de réduction pour ramener les poids et mesures de toutes les nations aux poids et mesures français, qui seuls serviront de type dans cet ouvrage (voir le tableau nᵒ 14) ;

11° Enfin, une table de traduction de l'une des deux méthodes (voir les tableaux nᵒˢ 15, 16, 17, 18, 19).

Les deux dernières tables ne sont applicables qu'aux Codes-traductions en langues étrangères.

Pour faciliter les recherches de chacune de ces divisions du Code, les pages où elles commencent auront un onglet en saillie, fait en fort parchemin, sur lequel sera inscrit l'objet de cette division.

1° Du Vocabulaire (voir le Tableau nᵒ 1).

Tous les mots du vocabulaire sont rangés par ordre alphabétique. Quand un mot est précédé d'une barre (———) à la ligne, cela prévient que le sens dans lequel il doit être pris est indiqué à sa suite, sur la même ligne, dans une parenthèse ; quand ce mot a des synonymes ou des équivalents, il y a, dans la même parenthèse, des renvois à ces synonymes, mais imprimés en lettres italiques et précédés d'un V, qui signifie *voir*. Les lettres *q. v. s.* signifient : *qu'on va signaler*.

A la suite des mots, sont établies les phrases relatives à ces mots ; elles doivent toujours être prises dans le même sens que le mot qui les précède et qui est muni de la barre dont je viens de parler.

La détermination positive du sens dans lequel doivent être pris les mots et les phrases est une condition indispensable à une télégraphie nautique *universelle ;* c'est le seul moyen d'éviter les équivoques et d'obtenir de bonnes traductions en d'autres langues à cause des synonymes. Mieux vaut s'exposer à manquer d'un sens d'un mot et être obligé de le composer au moyen de la table syllabique, que d'ouvrir la porte aux erreurs et de se mettre dans l'impossibilité de faire de bonnes traductions.

On cherche un mot au vocabulaire à son ordre alphabétique, comme dans un dictionnaire quelconque.

Quand ce sera une phrase toute faite, il faudra d'abord chercher, à son ordre alphabétique, le mot principal de cette phrase, c'est-à-dire celui *qui est le but* du signal ; à sa suite, on trouvera la phrase dont on aura besoin.

Par exemple, si on avait à signaler à un navire : *A quelle heure appareillerez-vous ?* il est évident que le but du signal est l'appareillage de ce navire, c'est donc le mot *appareiller* qui en est le principal ; si on cherche au vocabulaire le mot *appareiller* et qu'on parcoure les lignes qui le suivent, on trouvera la phrase demandée.

Si, par inadvertance, on allait chercher cette phrase au mot *heure*, où on ne la trouverait pas, il faudrait naturellement aller la chercher au mot *appareiller*, où, en effet, on la trouverait. Il en serait de même pour tous les cas possibles.

Si on avait besoin d'un mot qui ne se trouvât pas dans le vocabulaire, il faudrait le composer au moyen de la table syllabique, en faisant autant de signaux qu'il y aurait de syllabes dans ce mot ; si c'était une phrase toute faite qu'on n'y trouvât pas, il faudrait la composer mot par mot, en faisant autant de signaux qu'il y aurait de mots dans cette phrase ; mais on conçoit que ces manières de signaler sont fort longues et ne doivent être employées que quand on ne peut faire autrement. C'est pour cela que je dis, dans l'Introduction, qu'on ne saurait donner trop d'étendue à un Code de signaux, surtout à son vocabulaire, afin d'avoir le plus grand nombre possible de phrases toutes faites.

Dans les cas qui précèdent, il faut abréger autant que possible, en supprimant certaines lettres, telles que les lettres finales ou celles qui se doublent ; certains mots, comme *le, au, à*, etc., etc., pourvu toutefois que ces suppressions ne nuisent pas à la clarté du signal. Par exemple, si on avait à signaler *Londres* au moyen de la table syllabique, il suffirait de signaler les deux syllabes *Lon* et *dre*, en supprimant l's finale; pour la phrase : *Gouvernez au O.-S.-O. 1/2 S.*, à signaler mot par mot, il suffirait de signaler : *Gouvernez O.-S.-O. 1/2 S.*, en supprimant le mot *au;* etc.

Les verbes les plus importants dans la conversation sont établis avec leurs principaux temps et des phrases qui y sont relatives; mais, en général, les verbes sont donnés à l'infinitif seulement (il eût été matériellement impossible d'opérer autrement, à moins de former plusieurs volumes); ils doivent suffire dans la plupart des cas. Exemple : si on avait à signaler mot par mot la phrase : *Dans le cas où vous fatigueriez trop,* en mettant le verbe à l'infinitif, on aurait : *Dans le cas où vous fatiguer trop,* ce qui est suffisamment clair.

Chaque page du vocabulaire est divisée en trois colonnes (voir le tableau n° 1) : à la première, à gauche, sont inscrits les degrés et minutes de latitude et de longitude de 0° 0′ à 180°, de minute en minute; à la deuxième colonne sont inscrits les numéros d'ordre des mots ou phrases inscrits à la troisième colonne. Bien entendu que cette division en trois colonnes n'existe qu'au nombre de pages nécessaires pour inscrire les 180 degrés; après cela, les pages n'ont plus que deux colonnes : à gauche, les numéros d'ordre; à droite, les mots et phrases.

Indépendamment de ces deux ou trois colonnes du vocabulaire français, les vocabulaires étrangers ont une ou deux colonnes de plus, placées à droite, où sont inscrits les numéros d'ordre correspondants du vocabulaire français (voir les tableaux n°s 2, 3, 4 et 5), afin de faciliter l'application des méthodes de traduction.

2° De la Table syllabique (voir le Tableau n° 6).

Cette table, qui est très-étendue, donne les combinaisons de trois et souvent quatre lettres; j'y ai joint les lettres de l'alphabet des diverses langues, à leur ordre alphabétique, pour lesquelles les trente-un premiers numéros d'ordre ont été réservés, afin d'accélérer leur emploi, qui sera du reste fort rare, puisqu'on aura presque toujours les syllabes dont on aura besoin à sa disposition.

On concevra facilement l'importance de cette table, qui permettra d'exprimer en peu de signaux des éléments qui ne se trouveraient pas au Code de signaux, comme les noms propres, de navires, de ports, dangers, etc., qu'il aurait été matériellement impossible de prévoir et insérer tous. Quant à son emploi, il est on ne peut plus facile, puisque, à la gauche de chaque lettre de l'alphabet ou de chaque syllabe, on trouve le numéro d'ordre qui l'indique et qu'il suffit de signaler.

3° De la Table pour signaler les mois et les quantièmes pour toute l'année (voir le Tableau n° 7).

Il suffira de jeter les yeux sur le modèle pour comprendre l'emploi de cette table, dont l'usage est fréquent et commode ; puisque, par un seul signal, on indique le mois et le quantième. Il est bon de faire observer qu'indépendamment de cette table, on trouve les mois et les jours de la semaine au vocabulaire, à leur ordre alphabétique, avec des phrases qui leur sont relatives.

4° De la Table des noms de saints et des prénoms les plus en usage (voir le Tableau n° 8).

Cette table peut être très-utile et dispense, dans bien des cas, de l'emploi de la table syllabique. Il suffit d'examiner son modèle pour en comprendre l'usage.

5° De la Table pour signaler les nombres au-dessus de 100,000 (voir le Tableau n° 9).

Cette table donne souvent le moyen de signaler par un seul signal un nombre au-dessus de 100,000 ; elle abrège beaucoup quand on est obligé de scinder le signal. Exemple : on exprimera le nombre 2,800,000 par un seul signal, comme le montre la table, où les numéros d'ordre sont à la colonne à la gauche de chaque nombre ; mais si on avait à signaler le nombre 2,804,523, il faudrait signaler d'abord le numéro d'ordre correspondant à 2,800,000, sans y joindre l'indicateur des nombres, puis signaler ensuite le nombre 4,523 en y joignant l'indicateur des nombres, comme il est dit page 47 ; la somme de ces deux nombres donnerait le nombre proposé 2,804,523. Il en serait de même pour tous les cas.

6° De la Table pour signaler les secondes de temps et de degrés (voir le Tableau n° 10).

Cette table n'a d'emploi que quand on veut signaler les secondes séparément des heures et minutes, ou des degrés et minutes, puisque je donne, à l'explication des signaux, page 45, le moyen de signaler les secondes de temps et de degrés en même temps que les heures et minutes et que les degrés et minutes. Un coup-d'œil sur le modèle de cette table suffira pour en faire comprendre l'emploi.

7° De la Table pour signaler les millimètres (voir le Tableau n° 11).

Cette table n'a d'emploi que quand on a des millimètres à signaler ; dans ce cas, on signale d'abord les mètres et centimètres par un seul signal, commme il est dit page 46, puis on indique les millimètres au moyen de la table n° 11.

8° De la Table géographique (voir le Tableau n° 12).

Cette table donne les noms des principaux points du globe ainsi que ceux des feux qui éclairent les côtes; elle donne également leur position géographique, qui est placée à la suite du nom, sur la même ligne, la latitude en dessus d'une barre qui la sépare de la longitude, qui est en dessous; la dénomination est indiquée, pour la latitude, par les lettres N et S; pour la longitude, par celles E et O.

Chaque article de cette table a trois numéros d'ordre : le premier, à la colonne de gauche, indique le nom qui est sur la même ligne, sans rien y ajouter; le deuxième numéro d'ordre est à la deuxième colonne : il indique qu'il faut faire précéder le nom auquel il correspond de la phrase : *Allant à*, si c'est un nom de lieu, et de la phrase : *Allant reconnaître le feu de*, s'il s'agit d'un feu; le troisième numéro d'ordre est à la troisième colonne, et indique qu'il faut faire précéder le nom auquel il correspond de la phrase : *Venant de*, s'il s'agit d'un lieu, et de la phrase : *Venant de reconnaître le feu de*, s'il s'agit d'un feu. Du reste, en tête de chaque colonne, on trouve l'indication de l'emploi des numéros d'ordre qui y sont inscrits. Un exemple complétera l'intelligence de cette table. Supposons qu'on veuille signaler : *Allant à Bilbao*, on cherche le mot *Bilbao* à la table géographique, et on signale le numéro d'ordre 46,947, qui lui correspond à la deuxième colonne; si on avait voulu dire : *Venant de Bilbao*, on aurait signalé le numéro d'ordre 46,948, qui lui correspond à la troisième colonne. Si le mot *Bilbao* devait être indiqué purement et simplement, sans être précédé des phrases : *Allant à*, ou : *Venant de*, il faudrait signaler le numéro d'ordre 46,946, qui lui correspond à la première colonne. Les dispositions de cette table abrègent considérablement les signaux pour cette sorte de communication, qui est très-fréquente.

9° De la Table des noms de navires de guerre et du commerce de toutes les nations (voir le Tableau n° 13).

Il suffira de jeter les yeux sur cette table pour en comprendre l'usage. Quoiqu'elle soit très-étendue, il eût été matériellement impossible de la rendre complète pour toutes les époques, à cause du grand nombre de navires qu'on construit tous les ans. Il serait donc possible qu'on y cherchât inutilement le nom de l'un de ces nouveaux navires; alors, il faudrait se servir de la table syllabique pour y suppléer; et c'est dans ces circonstances que l'on reconnaîtra l'importance de la grande étendue que j'ai donnée à cette dernière table, puisqu'elle permettra, dans tous les cas possibles, de signaler un nom quelconque avec peu de signaux ; et pour faire mieux comprendre cette vérité, je vais donner un exemple comparatif avec les systèmes Marriat et Reynold.

Supposons qu'on ait à signaler le nom du navire le *Frondeur*. En le décomposant par syllabes, on aura : *Fron - deur;* il ne faudra donc que deux signaux en se servant de ma table syllabique. Par le système Marriat, il faudrait signaler lettre par lettre, c'est-à-dire faire huit signaux ; avec le système Reynold, en se servant de la série de pavillons, il faudrait également huit signaux ; mais en se servant de ses signaux économiques, il en faudrait au moins neuf, même quand le nom *Frondeur* serait au Code.

Une bonne table syllabique permettrait de supprimer la table des noms de navires sans trop d'inconvénients ni de lenteur dans les communications ; mais, dans tous les cas, si on conservait cette dernière, ne serait-il pas bien d'en faire un livre à part du Code de signaux et de le réimprimer tous les ans d'après le *Véritas ?* Ne serait-il pas bien même que ce fût le Bureau *Véritas* qui publiât ce livre ?

10° De la Table de réduction pour ramener les poids, mesures et monnaies des principales nations maritimes au système décimal français (voir le Tableau n° 14).

Comme on peut le remarquer, cette table n'a pas de numéros d'ordre ; elle n'est qu'une table auxiliaire pour les traductions de mon Code en d'autres langues. Les poids, mesures et monnaies français devant servir de type pour les communications internationales, quand un étranger voudra signaler un poids, une mesure ou une monnaie, il cherchera, à la table de réduction et à l'article de sa nation, le poids, la mesure ou la monnaie qu'il veut indiquer, et signalera sa valeur correspondante en français, qui est en regard, sur la même ligne. Si celui qui reçoit le signal est un Français, il reçoit directement l'expression de la valeur qu'on veut lui faire connaître ; si c'est un étranger, recevant l'expression de la valeur française, il trouvera à sa table de réduction la valeur équivalente de sa nation.

Exemple : un Anglais veut signaler qu'à tel lieu il y a 10 pieds anglais d'eau ; il cherche à sa table de réduction la valeur correspondante en mesure française : il trouve que le pied anglais vaut 30 centimètres et 4 millimètres français, qui, multipliés par 10, donnent 3,040, ou 3 mètres 4 centimètres, ce qu'il signale par le moyen indiqué page 46. Si c'est un Français qui a reçu le signal, il n'a rien à faire, puisqu'il a reçu l'expression de la valeur française elle-même ; mais si c'était un Espagnol, par exemple, recevant la valeur française, il irait à sa table de réduction, où il verrait que le pied espagnol valant 27 centimètres 8 millimètres français, 3 mètres 4 centimètres valent 10 pieds 1 pouce 2 lignes espagnols.

Il en serait de même pour tous les cas et pour toutes les nations ayant la valeur de leurs poids, mesures et monnaies, à la table qui nous occupe.

Je ferai remarquer qu'il n'a été établi à cette table que les principales mesures, monnaies et poids des diverses nations qui y figurent, et surtout celles qui servent dans les comptes : cela est bien suffisant pour les communications internationales.

Nota. — Il m'eût été facile de donner un numéro d'ordre à chaque article de cette table : cela aurait dispensé les étrangers de calculer la valeur correspondante en français, quand ils auraient fait des signaux avec des navires de leur nation; mais j'ai pensé qu'il valait mieux avoir un type unique. Peut-être cela aidera-t-il à donner des poids, mesures et monnaies, communs à toutes les nations, ce qui serait bien désirable.

11° De la Table de traduction (voir les Tableaux n°s 15, 16, 17, 18 et 19).

Cette table, qui sert aux communications internationales seulement, donne le moyen de conserver aux traductions de mon vocabulaire en toutes les langues l'arrangement des mots et phrases par ordre alphabétique.

Cette table peut être construite de trois manières différentes atteignant également le but.

Première méthode. — A la première colonne de gauche de la table de la première méthode (voir les tableaux n°s 15, 16 et 17), sont inscrits, dans l'ordre naturel des nombres, les numéros d'ordre du vocabulaire auquel appartient cette table, et aux colonnes suivantes, les numéros d'ordre des articles correspondants des vocabulaires des diverses langues des nations qui sont indiquées en tête de chacune de ces colonnes.

Dans les communications entre navires de différentes nations à l'aide de cette table, c'est toujours le numéro d'ordre du vocabulaire de la personne à laquelle on s'adresse qui doit être signalé.

Exemple : un Français veut signaler à un Anglais : *Si vous chassez, appareillez de suite,* qu'il trouve à son vocabulaire portant le numéro d'ordre 4,225 (voir le tableau n° 1) ; il cherche à sa table de traduction, tableau n° 15, à la première colonne de gauche, le n° 4,225, et suit, sur la même ligne horizontale, jusqu'à la colonne où sont inscrits les numéros d'ordre correspondants du vocabulaire anglais, où il trouve le numéro d'ordre 10,527, qu'il signale. L'Anglais recevant directement le numéro d'ordre de l'article de son vocabulaire, tableau n° 2, qu'on veut lui faire connaître, n'a qu'à l'y chercher et trouvera à sa droite la phrase dont il s'agit.

Quel que soit le cas et la nation de celui qui veut faire une communication à un navire d'une nation différente et ayant une colonne à la table de traduction, il devra opérer de la même manière qui vient d'être indiquée dans l'exemple qui précède.

Deuxième méthode. — La table de la deuxième méthode est basée, au contraire, sur ce principe, que les numéros d'ordre des articles du vocabulaire français serviront de type pour toutes les communications entre navires de différentes nations.

A la première colonne de gauche de cette table (voir les tableaux n°ˢ 18 et 19), sont inscrits, dans l'ordre naturel des nombres, les numéros d'ordre des articles du vocabulaire français ou type ; à la deuxième colonne à droite, sont inscrits les numéros d'ordre des articles correspondants du vocabulaire-traduction auquel appartient cette table.

Comme complément de cette table, il y a, à la droite des articles du même vocabulaire, une colonne où sont inscrits les numéros d'ordre correspondants du vocabulaire type (voir les tableaux n°ˢ 2 et 4).

Cela posé, supposons qu'un Français veuille signaler à un Anglais : *Les courants portent à terre*, phrase qui, dans son vocabulaire (voir le tableau n° 1), porte le numéro d'ordre 6,681, qu'il signale à l'Anglais ; celui-ci cherche à sa table de traduction (tableau n° 18), à la première colonne de gauche, le n° 6,681, et voit que le numéro d'ordre correspondant de son vocabulaire, inscrit sur la même ligne, à la deuxième colonne, est 6,685 ; il n'a donc qu'à chercher ce numéro à son vocabulaire (tableau n° 2) : à sa suite il trouvera la phrase dont il s'agit.

Si, au contraire, c'était l'Anglais qui voulût adresser cette phrase au Français, il la chercherait à son vocabulaire (tableau n° 2) et signalerait le numéro d'ordre correspondant 6,681 du vocabulaire type, qu'il trouverait inscrit sur la même ligne, à la colonne qui est à la droite de la phrase dont il s'agit. Le Français recevant son propre numéro d'ordre, n'aurait qu'à le chercher à son vocabulaire (tableau n° 1), et trouverait à sa suite la phrase qu'on veut lui faire connaître.

Si l'Anglais s'était adressé à un individu de toute autre nation que le Français, il aurait opéré, pour faire le signal, de la même manière qu'en s'adressant au Français, puisque c'est *toujours* le numéro d'ordre type qui doit être signalé. Supposons qu'il s'adresse à un Espagnol : celui-ci recevant le numéro type 6,681, le chercherait à sa table de traduction (tableau n° 19), à la première colonne de gauche, et prendrait le n° 6,672, qui lui correspond à la deuxième colonne, et qui est le numéro d'ordre de la phrase dont il s'agit à son vocabulaire (tableau n° 4), où il la trouve à la suite de ce numéro.

Comme on le voit, quelle que soit la nation des individus qui correspondent au moyen de cette table, ce sont toujours les numéros d'ordre du vocabulaire type, c'est-à-dire du vocabulaire français, qui sont signalés.

Troisième méthode. — La troisième méthode de table de traduction n'est autre que la deuxième, avec cette seule différence qu'au lieu d'avoir la table à part, elle est établie à chaque page du vocabulaire-traduction, en ajoutant une deuxième colonne à la droite des mots et phrases (voir les tableaux n°s 3 et 5), où sont inscrits les numéros d'ordre du vocabulaire auquel on établit ces deux colonnes correspondant aux numéros d'ordre du vocabulaire type, représentés, dans ce cas, par les numéros d'ordre inscrits à la colonne à gauche des mots et phrases ; lesquels, bien entendu, ne jouent ce rôle que dans l'emploi de la dernière colonne de droite pour les communications internationales.

Cela posé, en appliquant ici l'exemple précédent, je suppose qu'un Français veut signaler à un Anglais : *Les courants portent à terre*, qu'il trouve à son vocabulaire (tableau n° 1) portant le n° 6,681, qu'il signale ; l'Anglais recevant ce numéro d'ordre type, le cherche à son vocabulaire (tableau n° 3) aux numéros d'ordre inscrits à la colonne à gauche des mots et phrases qu'il considère comme représentant les numéros d'ordre types, et quand il l'a trouvé, il suit sur la même ligne jusqu'à la dernière colonne de droite, où il trouve le n° 6,685, qui est le numéro d'ordre de son vocabulaire, qui lui indique la phrase dont il s'agit et qu'il trouve facilement.

Si, au contraire, c'était l'Anglais qui voulût signaler cette phrase au Français, il la chercherait à son vocabulaire (tableau n° 3) à son ordre alphabétique, où elle porte le n° 6,685, et signalerait le numéro d'ordre type 6,681, qui lui correspond, inscrit à l'avant-dernière colonne, à droite des mots et phrases. Le Français ne pourrait s'y méprendre, puisqu'il recevrait le numéro d'ordre qui lui indique la phrase dont il s'agit à son vocabulaire.

Si l'Anglais s'était adressé à un individu de toute autre nation, à un Espagnol, par exemple, il aurait opéré à l'égard de ce dernier, pour lui indiquer la phrase dont il est question, absolument de la même manière qu'à l'égard du Français. L'Espagnol, recevant le numéro type 6,681, le chercherait à son vocabulaire (tableau n° 5), aux numéros d'ordre inscrits à la colonne à gauche des mots et phrases qu'il considérerait comme numéros d'ordre types, et quand il l'aurait trouvé, il suivrait sur la même ligne horizontale jusqu'à la dernière colonne à droite des mots et phrases, où il trouverait le numéro d'ordre 6,672, qui est celui que porte la phrase dont il est question à son vocabulaire (même tableau).

Quelle est la meilleure de ces trois méthodes de tables de traduction ?

En examinant, on trouve que la première a l'avantage d'être fort simple dans sa composition et dans son emploi ; mais elle a le défaut d'être volumineuse et de forcer celui qui fait un signal s'adressant à plusieurs navires de différentes nations, de répéter ce signal pour chacun d'eux, parce qu'elle a pour base de toujours signaler le numéro d'ordre du vocabulaire de la nation du navire auquel on s'adresse. Elle a encore le défaut de nécessiter la connaissance de la nation du navire avec lequel on veut correspondre.

La deuxième méthode n'a aucun des défauts de la première, parce qu'elle a pour base que c'est toujours le numéro d'ordre du vocabulaire type qu'il faut signaler : cela rend les signaux intelligibles pour un ou plusieurs navires de différentes nations, et quelle que soit leur nation ; mais, par contre, elle est moins simple dans son application.

La troisième méthode a les mêmes avantages que la deuxième, puisqu'elle est basée sur les mêmes principes ; mais elle est encore moins simple dans son emploi, quoique plus favorable pour les recherches, et qu'elle ne nécessite pas de table à part.

Beaucoup de personnes préfèrent la première méthode aux deux autres ; quant à moi, je donne la préférence à la deuxième, que la moindre pratique fera promptement comprendre.

Comme on a pu le remarquer déjà, la table de la première méthode doit être établie aussi bien au Code français qu'à ceux de sa traduction en d'autres langues, pendant que les tables de la deuxième et de la troisième méthode ne doivent être établies qu'aux Codes des nations étrangères, puisque les numéros d'ordre du Code français servent de type.

Il est également évident que les communications entre navires de même nation n'ont nullement besoin de l'emploi de table de traduction.

Si je suis entré dans de si longs détails au sujet de ces tables de traduction, c'est pour mettre les hommes compétents à même de les apprécier, et aussi parce qu'elles sont le point le plus important d'une télégraphie nautique qui a la prétention d'être *universelle*, c'est-à-dire de servir aux communications entre les marins de toutes les nations. Je crois pouvoir affirmer qu'il est impossible d'atteindre convenablement ce but sans le secours de l'une de ces tables et sans la marche que j'ai suivie au vocabulaire au sujet des synonymes.

DEUXIÈME PARTIE.

La deuxième partie est la méthode de signaux au moyen de laquelle on exprime les numéros d'ordre qui servent à désigner les articles du Code de signaux ainsi que les autres éléments utiles aux communications à la mer ; elle se compose :

1° De la description des signes servant à faire les signaux de jour, soit quand il y a du vent, soit en calme ;

2º De la manière de s'en servir ou de l'explication des signaux ;
3º D'une méthode de signaux économiques ;
4º D'une méthode de signaux de nuit ;
5º D'une méthode de signaux de brume ou acoustiques.

DES SIGNAUX DE JOUR.

Je donne trois genres de signes pour les signaux de jour : la série de pavillons, les ballons-réductibles et les vêtements. Comme ces trois genres de signes se correspondent signe par signe, on pourra se servir des uns ou des autres séparément ou simultanément ; c'est aux marins de juger ce qui leur sera plus commode et plus économique.

Il est généralement reconnu dans la marine que les objets les plus propres à faire des signaux à la mer, sont les pavillons, flammes, etc., etc. Cela serait vrai s'il ventait toujours et si les interlocuteurs étaient toujours dans une position telle qu'ils vissent les pavillons en face ; malheureusement, il n'en est pas toujours ainsi, car, souvent, ils sont dans le *lit* du vent les uns par rapport aux autres, position qui leur fait voir les pavillons de *bout* et les empêche de distinguer les couleurs ; en calme, et même par de faibles brises, les pavillons ne peuvent suffisamment se déployer pour montrer leurs couleurs. Pour ces causes, j'ai vu en escadre un ordre de l'amiral rester plusieurs heures suspendu à la corne sans que celui auquel il était adressé pût le distinguer. On conçoit la gravité de ces inconvénients, puisque, dans une bataille navale, d'un ordre non transmis ou mal interprété peut dépendre la victoire ou la défaite.

C'est pour cela que j'ai imaginé un genre de signaux en calme, que je nomme *ballons-réductibles,* qui me paraît être propre à parer à ces inconvénients.

Il résulte d'une dépêche que M. le Ministre de la marine m'a fait l'honneur de m'adresser, que le Conseil des travaux en a pensé ainsi, puisqu'il dit dans son rapport, après examen de cette méthode : *qu'il y a lieu de m'adresser des éloges et des remerciments pour la confection d'un ballon d'une construction facile et d'un usage commode ;* — et je crois qu'on ferait bien d'abandonner complétement les pavillons, flammes, etc., etc., et de ne se servir que des ballons-réductibles, qui leur sont bien préférables pour faire les signaux à la mer. Les ballons n'ont que le seul inconvénient de n'être peut-être pas aussi favorables que les pavillons pour *pavoiser* le navire aux jours de fête ; mais il me semble qu'ici surtout il faut préférer l'utile à l'agréable.

Quant aux signaux par le moyen des vêtements, comme je l'ai dit dans ma préface, il ne faut les considérer que comme devant servir dans un cas fortuit, ou si l'on voulait absolument éviter la dépense d'une série de pavillons ou de ballons-réductibles.

De la Série de pavillons (voir à la planche, fig. 1re).

Dans ma série de pavillons, j'ai distribué les couleurs par bandes horizontales ; cette méthode convient mieux à mon système de signaux, rend les signes plus faciles à distinguer et d'une confection plus économique.

Chaque signe n'est composé, à la gaîne, que de deux couleurs, afin qu'on ne puisse les confondre entre eux dans cette partie, qui est toujours la plus visible, pour les causes que j'ai indiquées à la préface. Cela m'a également permis d'obtenir chaque couleur de la plus grande dimension possible, et comme elles sont égales de grandeur, elles seront visibles à de grandes distances, puisque, quand on distinguera l'une, on sera toujours sûr de distinguer l'autre.

Pour faciliter cette combinaison, j'ai adopté six couleurs différentes et bien distinctes ; elles sont : le **rouge,** le **jaune,** le **vert,** le **blanc,** le **marron-cannelle,** et le **noir,** au lieu du bleu, afin d'éviter sa confusion avec le vert et le marron. Pour éviter plus sûrement les confusions, j'ai fait concourir la différence des formes avec la distribution des couleurs ; c'est ainsi qu'aux cinq pavillons représentant les dix chiffres de la numération, les pavillons 1 et 7 ont de battant une fois et demie le guindant, terminés, l'un, par une queue blanche, l'autre, par une queue noire ; les pavillons 3 et 9 sont parfaitement carrés et semblables de forme, parce qu'il est impossible de confondre le marron avec le blanc ; le pavillon 5 est terminé en cornette, pour éviter toute confusion du vert avec le marron et le noir.

J'ai donné aux quatre signes servant d'auxiliaires des nombres la forme de flammes, afin qu'ils aient une différence bien tranchée avec les cinq pavillons de la numération ; mais pour que ces flammes soient visibles d'aussi loin que les pavillons, je leur ai donné le même guindant qu'aux pavillons, avec le double de battant ; et pour éviter tout doute de distinction du marron avec le noir et du jaune avec le blanc, les flammes 2e et 4e ont un tiers de leur queue l'une jaune et l'autre marron. Ces queues elles-mêmes ne peuvent être confondues avec celles des pavillons 1 et 7, qui sont de différentes couleurs.

J'ai également donné au signe d'*attention* (fig 1re) la forme de flamme ayant le même guindant que les quatre auxiliaires des nombres, mais avec le double de battant, pour que cette grande différence de longueur la distingue bien, et aussi à cause de son emploi couplée, comme c'est indiqué à l'explication des signaux.

Quant à la combinaison des couleurs, elle est basée sur ma méthode par dix signes, que j'explique plus loin. Le rouge entre dans la composition des cinq pavillons de la numération, et est exclu des quatre flammes auxiliaires des nombres, en sorte qu'il suffira de voir du rouge dans un signe pour être sûr que c'est l'un des cinq pavillons de la numération ; le vert entrant dans la composition des quatre flammes auxiliaires des nombres, il suffira de voir un signe avec du vert et pas de rouge pour être sûr que c'est l'une des quatre flammes auxiliaires des nombres ; de même, le rouge et le vert étant exclus de la flamme d'*attention*, l'absence de ces couleurs d'un signe donnera la certitude que c'est la flamme d'*attention*.

Enfin, pour faciliter le souvenir du numéro des cinq pavillons de la numération, j'ai suivi l'ordre décroissant de la dégradation des couleurs qui sont jointes au rouge, c'est-à-dire qu'au pavillon 1, c'est le *noir* qui est joint au *rouge ;* au pavillon 3, c'est le *marron ;* au pavillon 5, c'est le *vert ;* au pavillon 7, c'est le *jaune,* et au pavillon 9, c'est le *blanc.* Or, comme on se souviendra toujours de cette progression décroissante des couleurs, on saura toujours à quel pavillon doit figurer telle couleur ; par exemple, le *jaune* étant la quatrième couleur dans l'ordre de la dégradation, doit figurer au pavillon 7, qui est le quatrième (voir fig. 1ʳᵉ).

Aux quatre flammes auxiliaires des nombres, la même marche a été suivie pour les couleurs qui sont jointes au vert, qui est la base de ces signes.

Ce n'est qu'après des expériences que j'ai adopté ces six couleurs, sans craindre que cela gêne en rien la reconnaissance des signes, pour laquelle j'ai pris toutes les mesures que je crois praticables. Si cependant on désirait se renfermer dans les quatre couleurs **rouge, bleu, blanc** et **jaune,** qu'on emploie ordinairement, ma méthode ne s'y opposerait nullement, mais, dans ce cas, il y aurait des signes composés de trois couleurs à la gaîne, ce que je crois bon d'éviter, afin de conserver à chacune d'elles la plus grande largeur possible. On pourrait établir cela de la manière suivante : pour le pavillon 1, *rouge* et *noir ;* pour le pavillon 3, *rouge* et *jaune ;* pour le pavillon 5, *rouge* et *blanc ;* pour le pavillon 7, *rouge, noir* et *blanc,* et pour le pavillon 9, *rouge, blanc* et *noir.* Pour les flammes auxiliaires des nombres : la 1ʳᵉ, *noir* et *blanc ;* la 2ᵉ, *noir* et *jaune ;* la 3ᵉ, *noir, jaune* et *blanc ;* la 4ᵉ, *noir, blanc* et *jaune ;* et pour la flamme d'*attention, jaune* et *blanc.* Mises en contact, ces deux dernières couleurs ne seront jamais confondues, car l'une fait apprécier l'autre.

On pourra obtenir cette série de pavillons par dix signes très-économiquement, parce qu'on aura peu de perte d'étoffe et peu de main-d'œuvre, surtout en faisant fabriquer des étamines d'une largeur égale à celle de chaque couleur.

Il est convenable d'avoir une grande et une petite série, afin de les mettre à la portée de toutes les bourses. Voici la dimension des signes et le prix des séries :

Grande série.
- Les pavillons 3 et 9 auront 2 mètres sur chaque face (carrés).
- Les pavillons 1, 5 et 7, auront 2 mètres sur 2 mètres 66 cent.
- Les flammes auxiliaires des nombres, 2 mèt. sur 4 mèt. de battant.
- La flamme d'*attention*, 2 mètres sur 6 mètres de battant.

Prix de revient. 60 fr.
Code de signaux 10
Total... 70 fr.

Petite série.
- Les pavillons 3 et 9 auront 1 mèt. 50 cent. sur chaque face (carrés).
- Les pavillons 1, 5 et 7, auront 1 mètre 50 cent. sur 2 mètres.
- Les flammes auxiliaires des nombres, 1 mèt. 50 cent. sur 3 mèt.
- La flamme d'*attention*, 1 mètre 50 cent. sur 4 mètres 50 cent.

Prix de revient. 45 fr.
Code de signaux 10
Total... 55 fr.

Des Ballons-réductibles pour les signaux en calme.

Les signes les plus propres à faire des signaux nautiques en calme sont les ballons. Le point capital de cette sorte de signes est de les avoir aussi volumineux que possible, pour qu'on puisse les apercevoir d'aussi loin que les pavillons ; or, la dimension qu'il serait nécessaire de leur donner les rendrait tellement encombrants, qu'ils deviendraient impossibles dans la pratique : c'est cette difficulté que j'ai vaincue au moyen de mes ballons-réductibles, puisque les dix qui sont nécessaires à mon système de télégraphie peuvent être contenus dans un sac à fond rond, de 50 centimètres de diamètre et de 50 centimètres de hauteur. Quant à leur encombrement quand ils fonctionnent, il n'est pas plus considérable que celui des pavillons. (Voir, page 30, la décision du Conseil des travaux sur ces ballons-réductibles.)

Le ballon-réductible (fig. 5) se compose d'un rotin ou verge flexible quelconque d'environ 3 mètres de long, plus ou moins, selon qu'on veut faire les ballons plus ou moins gros, sur 15 à 20 millimètres de diamètre ; on le reploie deux fois sur lui-même, de manière qu'il ne présente qu'un cercle d'environ 45 à 50 centimètres de diamètre ; on lui fait prendre ce pli, qu'il conserve facilement et qui est sa forme quand le ballon ne fonctionne pas. Quand le ballon fonctionne, ce rotin est développé pour former un cercle d'environ 1 mètre de diamètre, en glissant dans une coulisse de toile de 3 centimètres de largeur, établie à la chemise d'étamine ABGD, de couleurs différentes, qui est le ballon, au point B de sa plus grande circonférence ; les deux bouts du rotin sont fixés l'un à l'autre au moyen d'une douille en métal fixée à l'un des bouts, et dans laquelle vient s'engager l'autre bout, où il doit entrer librement et y être fixé invariablement au moyen d'une goupille, laquelle n'est même pas indispensable.

La chemise d'étamine ABGD, qui forme le ballon, est faite de deux cônes, l'un, composé d'un certain nombre de pointes de cette étoffe de la même couleur, qu'on joint ensemble pour former un cône droit et avoir un bout du ballon ; un pareil cône, d'une couleur différente, donne l'autre bout ; en joignant ces deux cônes par leur base, sur la coulisse de toile déjà indiquée, on aura le ballon-réductible, qui, comme le montre la figure 5, est un solide composé de deux cônes droits joints par leur base.

Pour bien tendre l'étamine et donner au ballon le plus de développement possible, on peut mettre deux autres cercles, EF et GH, de rotin plus faible que le grand cercle et de 25 à 30 centimètres de diamètre ; on conçoit qu'ils doivent être invariables et fixés à demeure.

Un bout de tresse traversant le ballon à l'intérieur dans toute sa longueur, est fixé aux extrémités des cônes, qu'il dépasse de 40 centimètres pour former les queues CI et AJ, terminées par un petit œillet aux points I et J, et garnies d'un petit cabillot de bois aux points C et A, servant à frapper les ballons à la drisse de pavillon, et entre eux dans les diverses positions que j'indique à l'explication des signaux. Les queues servent à isoler les signes pour éviter les confusions, et leur prolongement dans l'intérieur du ballon sert à soutenir l'étamine dans la traction de la drisse de pavillon. Tous les ballons de la figure 2 sont construits de cette façon.

Les pavillons et flammes de la série doivent être garnis des queues et des cabillots comme les ballons, puisque leur usage est le même.

On peut faire les ballons-réductibles de la grandeur qu'on veut ; mais les dimensions qui, dans des expériences, m'ont paru les plus convenables, sont 1 mètre de diamètre sur 1 mètre 80 centimètres de longueur de l'extrémité des deux cônes.

On conçoit que, quand les ballons sont hissés sur une drisse et tirés par en bas par le hale-bas, ils doivent être parfaitement tendus et forcés de développer toute leur surface ; et quand on les amène sur le pont, les cônes n'étant plus soutenus par leur sommet, retombent sur le centre, qui est le cercle réductible, et ne forment plus qu'un très-faible volume.

Quand on a fini les signaux, on déjoint les deux bouts du cercle réductible du centre, afin qu'il se replie sur lui-même, pour reprendre sa forme réduite en glissant dans sa coulisse de toile, et ne former qu'un cercle de 45 à 50 centimètres de diamètre, et une hauteur de 3 centimètres environ en y comprenant les autres cercles et l'étamine. Les dix ballons-réductibles de mon système ne formeront donc qu'un volume de 30 centimètres de haut sur 50 centimètres de diamètre, et seront facilement contenus dans le sac décrit plus haut.

Comme le montre la figure 2 à la série de ballons, les couleurs et leur distribution sont absolument les mêmes qu'à la série de pavillons et flammes : cela devait être, puisque les deux séries doivent se correspondre signe par signe.

Pour éviter la confusion du blanc avec le jaune et du marron avec le noir, j'ai eu soin de tronquer, comme au cercle **GH** (fig. 5), tous les cônes marrons et blancs, en ayant soin d'établir à ce cercle une patte-d'oie, au moyen de trois bouts de tresse fixés à trois points du cercle, à égale distance, se réunissant à une longueur de 50 centimètres, pour remplacer la queue, et garnie d'un œillet et d'un petit cabillot de bois.

La forme des ballons-réductibles de la figure 2 me paraît la plus simple et la plus convenable pour le mouvement de hisser et d'amener ; cependant, pour ne rien négliger de ce qui peut faire éviter la confusion des signes entre eux, je donne, figure 3, une série de ballons où la forme concourt largement avec la variation des couleurs ; cette variété de forme permettrait même de réduire les couleurs à deux ou trois ; mais je crois que ce serait une faute de se priver du secours des couleurs que j'ai adoptées, car des expériences m'ont prouvé, et tous les marins doivent s'en être aperçu, qu'on distingue bien plus facilement à la mer, à de grandes distances, la couleur d'un pavillon que sa forme. Il en sera de même pour les ballons.

Les ballons de la série figure 3 ont six formes différentes, qui sont, pour les cinq ballons de la numération : ballon 1, deux cônes joints par leur sommet ; ballon 3, un seul cône ; ballon 5, un cylindre ; ballon 7, deux cônes joints sommet sur base ; ballon 9, un cône joint à un cylindre : la sixième forme est exclusivement destinée au signe d'*attention,* elle est deux cônes joints par leur base. Aux quatre ballons auxiliaires des nombres, quatre de ces formes sont répétées ; mais ils seront facilement distingués, puisque le rouge en est absolument exclu.

Pour la construction de ces dix ballons, il faudra procéder absolument de la même manière que j'ai déjà indiquée pour la formation des cônes au moyen du cercle réductible, faisant seulement observer que la première forme exige deux cercles réductibles ; la deuxième forme, un ; la troisième forme, deux ou trois ; la quatrième forme, deux ; la cinquième forme, deux, et la sixième forme, un ; et que partout où le cercle réductible est à l'extrémité du ballon, il faut établir la patte-d'oie que j'ai indiquée pour les cônes tronqués de la figure 2 et 5.

Ces ballons ne tiendront pas davantage de place que ceux de la figure 2, mais ils seront plus gênants pour hisser et amener ; aussi, toutes les fois qu'on voudra s'en servir à la tête d'un mât, il sera bien de les isoler, en envoyant à la tête de ce mât **AD** (fig. 6) une petite vergue légère **AB** en balançoire, garnie à son bout B d'une drisse de pavillon sur laquelle on hisse les ballons ; ou bien de se servir d'un *hale-breu* partant d'un autre mât.

Quant au prix de revient de l'une et l'autre série de ballons-réductibles, il est à peu près le même que celui de la grande série de pavillons.

Ma première pensée avait été de faire les ballons—réductibles en baudruche ou d'une étoffe pouvant retenir le vent : on aurait pu les gonfler et dégonfler à volonté ; mais indépendamment que cela coûterait plus cher, il serait trop long de gonfler d'air dix gros ballons, qui, ensuite, seraient très-encombrants pendant les signaux.

J'avais aussi eu l'idée de construire les ballons au moyen de deux cercles réductibles, couverts d'étamine et pivotant sur une verge de fer les traversant au centre, comme le montre la figure 7 ; mais des expériences m'ont prouvé que rien ne saurait remplacer les ballons—réductibles des figures 2 ou 3.

Cependant, par économie, les marins pourraient remplacer ces derniers par des cercles réductibles recouverts tout simplement d'étamine ou même de toile peinte aux couleurs indiquées, en ayant soin de les suspendre à la drisse de pavillon, ou entre eux, par deux points, comme le montre la figure 8, afin qu'ils ne pivotent pas sur eux—mêmes ; mais indépendamment que ce genre de signes pourrait être gênant par un gros vent, il est certaines positions où ils se présenteraient de profil et seraient fort difficiles à distinguer. C'est aux marins de tirer parti de cette idée à l'occasion, puisqu'il leur sera très-facile de construire eux-mêmes ces cercles à bord. Je n'ai pas besoin de leur dire que leur emploi est absolument le même que celui des ballons—réductibles, auxquels, par leurs couleurs, ils doivent correspondre signe par signe.

On a remarqué que j'ai dit d'employer de la petite tresse à la confection des ballons réductibles ; j'ajouterai qu'on doit également l'employer aux gaînes et aux queues des pavillons et flammes, à l'exclusion absolue de la *ligne,* qu'on y emploie ordinairement. Cette dernière étant cordée, a le grave inconvénient de se tortiller, surtout quand elle est mouillée, et d'engager les pavillons, ce qui retarde beaucoup les signaux ; on ferait même bien de ne se servir que de drisse de pavillon en tresse.

Quant aux vêtements pour la série économique, je n'ai rien à dire de particulier à leur sujet, puisqu'on les a tout confectionnés, toujours à sa disposition ; de plus, la figure 4 et ce qui est dit à l'explication des signaux, page 50, suffit à leur intelligence.

Les signes des signaux de nuit et de brume sont également expliqués, les uns, page 54, les autres, page 59.

EXPLICATION DES SIGNAUX.

Chaque article du vocabulaire et des tables servant aux communications à la mer étant muni d'un numéro d'ordre, il s'en suit qu'il suffira de signaler le numéro d'ordre de l'un de ces articles pour le désigner à son interlocuteur ; dès-lors, on comprend toute l'importance d'une bonne méthode de signaux permettant d'exprimer les numéros d'ordre clairement, facilement et rapidement. C'est celle que j'ai adoptée et que je vais expliquer.

Qu'est-ce qu'un numéro d'ordre ? C'est un nombre quelconque. Il ne s'agit donc que d'avoir les moyens d'exprimer tous les nombres.

S'il ne s'agissait d'exprimer que les nombres composés de chiffres différents, il suffirait d'avoir à sa disposition dix signes représentant les dix chiffres de la numération, à l'aide desquels on composerait ces nombres.

Mais, pour les causes que j'ai indiquées à l'Introduction, cela est insuffisant. Il est de la dernière importance d'avoir les moyens d'exprimer tous les nombres composés de cinq chiffres sans exception, et quel que soit le nombre de fois que le même chiffre y est répété.

Je me borne aux nombres composés de cinq chiffres seulement, parce qu'ils mettent à ma disposition cent mille articles, ce qui est plus que suffisant ; qu'il est important qu'il n'y ait jamais plus de cinq signes hissés à la fois sur la même drisse de pavillon, et que, d'ailleurs, l'expérience a démontré que ce nombre de cinq signes ne présente aucun inconvénient.

Comme je l'ai déjà dit, on peut faire les signaux à l'aide de la série de pavillons, ou avec l'une ou l'autre série de ballons-réductibles, séparément ou simultanément, puisque les signes de ces différentes séries se correspondent signe par signe et qu'ils ont exactement le même emploi ; ainsi donc, tout ce que je dirai de la série de pavillons dont je me servirai dans la démonstration, est applicable aux ballons-réductibles. Il n'y aurait absolument que le mot pavillon ou flamme à remplacer par le mot ballon ; d'ailleurs, pour plus d'intelligence, je donnerai des exemples avec les uns et les autres.

Comme le montre la figure 1ʳᵉ, la série de pavillons se compose de cinq pavillons représentant les dix chiffres de la numération, de quatre flammes auxiliaires des nombres, et d'une flamme d'*attention*, en tout, dix signes.

Les cinq pavillons sont désignés sous la dénomination de pavillon 1, 3, 5, 7 et 9, et s'emploient de la manière suivante pour représenter les dix chiffres de la numération :

Le pavillon 1, rouge et noir, horizontal et à queue blanche,	hissé avec le rouge *supérieur*, donne le chiffre 1.
	hissé avec le rouge *inférieur*, donne le chiffre 2.
Le pavillon 3, rouge et marron, horizontal,	hissé avec le rouge *supérieur*, donne le chiffre 3.
	hissé avec le rouge *inférieur*, donne le chiffre 4.
Le pavillon 5, rouge et vert, horizontal,	hissé avec le rouge *supérieur*, donne le chiffre 5.
	hissé avec le rouge *inférieur*, donne le chiffre 6.
Le pavillon 7, rouge et jaune, horizontal et à queue noire,	hissé avec le rouge *supérieur*, donne le chiffre 7.
	hissé avec le rouge *inférieur*, donne le chiffre 8.
Le pavillon 9, rouge et blanc, horizontal,	hissé avec le rouge *supérieur*, donne le chiffre 9.
	hissé avec le rouge *inférieur*, donne le chiffre 0.

D'où il suit que, du moment qu'on aperçoit un pavillon avec le rouge supérieur, on est sûr que c'est l'un des cinq chiffres impairs 1, 3, 5, 7 et 9 ; quand, au contraire, on l'aperçoit avec le rouge inférieur, on est certain que c'est l'un des chiffres pairs 2, 4, 6, 8 et 0.

On le voit, aux cinq pavillons de la numération, c'est la couleur rouge qui sert d'indicateur pour faire connaître la valeur de chaque pavillon.

Avant d'aller plus loin, je dois expliquer quelques termes de convention dont je me servirai dans la démonstration afin d'abréger.

Convenons donc que tout pavillon ou flamme hissé avec la couleur qui sert d'indicateur supérieure, sera dit *droit ;* quand cette couleur sera inférieure, il sera dit *renversé.*

Convenons aussi que, dans un signal quelconque où il y a plusieurs signes, comme à la figure 9, ou à la figure 14, ou à la figure 16, le supérieur est appelé premier signe ; celui qui vient après en allant en bas est le deuxième signe, celui qui est au-dessous de ce dernier est le troisième signe, ainsi de suite, y compris l'*attention*, qui figure dans le signal figure 16 ; que les signes d'un signal exprimant un nombre doivent être lus d'en haut en allant en bas, d'où il suit que le signe inférieur d'un signal représente les unités ; celui qui vient après en allant en haut, les dizaines ; celui qui est au-dessus de ce dernier, les centaines, ainsi de suite, non compris l'*attention*, si elle figure dans le signal, comme figure 23 ; d'où il suit que le signal de la figure 9 exprime le nombre 35,197, et celui figure 23, 888.

Tout nombre ne contenant que des chiffres impairs ne se répétant pas, comme 35,197 (fig. 9), peut être exprimé à l'aide des cinq pavillons de la numération, sans le secours des flammes auxiliaires des nombres ; il en est de même pour les nombres composés de chiffres pairs qui ne sont pas répétés ; mais quand un nombre est composé de chiffres pairs et impairs, ou que l'un des chiffres se répète, il ne peut être exprimé qu'à l'aide des pavillons de la numération et des flammes auxiliaires des nombres.

Les quatre flammes, ou ballons, auxiliaires des nombres (fig. 1ʳᵉ) sont désignées par les dénominations de flamme 1ʳᵉ, flamme 2ᵉ, flamme 3ᵉ et flamme 4ᵉ.

Une ou plusieurs de ces quatre flammes, hissée seule, n'a aucune valeur numérique ; elles ne servent qu'à exprimer les nombres composés de chiffres pairs et impairs et ceux où le même chiffre est répété plusieurs fois ; il suit de là qu'elles n'ont de valeur numérique que quand elles figurent dans un signal où il y a au moins un pavillon de la numération, *lequel est toujours supérieur.*

A ces quatre flammes, c'est la couleur verte qui sert d'indicateur ; et, comme je l'ai déjà dit, la couleur rouge en est exclue ; d'où il suit que quand on aperçoit un signe ayant du vert et pas de rouge, on est sûr que c'est l'une des quatre flammes auxiliaires des nombres, dont la valeur est déterminée d'après les règles suivantes :

La flamme 1re, verte et noire, — hissée *droite*, est égale au premier signe *droit* d'un signal ; hissée *renversée*, elle est égale au premier signe *renversé* d'un signal. — Ce premier signe est toujours un pavillon.

La flamme 2e, verte et marron et à queue jaune, — hissée *droite*, est égale au deuxième signe *droit* d'un signal : hissée *renversée*, elle est égale au deuxième signe *renversé* d'un signal, — que ce deuxième signe soit un pavillon ou une flamme

La flamme 3e, verte et jaune, — hissée *droite*, est égale au troisième signe *droit* d'un signal ; hissée *renversée*, elle est égale au troisième signe *renversé* d'un signal, — que ce troisième signe soit pavillon ou flamme.

La flamme 4e, verte et blanche et à queue marron, — hissée *droite*, est égale au quatrième signe *droit* d'un signal : hissée *renversée*, elle est égale au quatrième signe *renversé* d'un signal, — que ce quatrième signe soit pavillon ou flamme.

Pour exprimer cette règle plus brièvement, il suffira de dire que chaque flamme auxiliaire de la numération est égale au signe d'un signal dont la place dans ce signal est exprimée par le même chiffre que le numéro de la flamme, *renversé* si la flamme est *renversée*, *droit* si la flamme est *droite* ; autrement dit : 1re flamme égale premier signe d'un signal, 2e flamme égale deuxième signe, 3e flamme égale troisième signe, 4e flamme égale quatrième signe, *droit* ou *renversé* selon que les flammes sont employées *droites* ou *renversées*.

Toute ma méthode pour exprimer les numéros d'ordre du Code de signaux est dans cette règle ; une fois comprise, on est fixé invariablement et pour toujours.

Cela posé, je peux donner des exemples qui lèveront tous les doutes et qui feront bien comprendre cette règle.

Soit donc le nombre 33,333 (fig. 10) qu'on veut exprimer ; on mettra pour signe supérieur ou premier signe, le pavillon 3 *droit*, qui représente le chiffre 3 ; ensuite, pour deuxième signe, la flamme 1re *droite*, qui sera aussi un 3, puisque *droite* elle est égale au premier signe *droit*, et que nous savons que le premier signe est un 3 ; si on met pour troisième signe la flamme 2e *droite*, on aura encore un 3, puisque *droite* elle est égale au deuxième signe *droit*, et que nous venons de voir que le deuxième signe est un 3 ; si on ajoute la flamme 3e *droite* pour quatrième signe, elle donnera aussi un 3, puisqu'elle est égale *droite* au troisième signe *droit*, et que nous avons démontré que ce troisième signe est un 3 ; ajoutant enfin la flamme 4e *droite* pour cinquième signe, elle donnera encore un 3, puisque *droite* elle est égale au quatrième signe *droit*, et que nous savons que ce quatrième signe est un 3 ; on aura donc composé un nombre formé de cinq chiffres 3, ou 33,333.

En raisonnant de la même manière, et au moyen d'un plus grand nomhre de flammes, on parviendrait à exprimer tous les nombres possibles ; mais, comme je l'ai déjà dit, je me borne au nombre de cinq chiffres, qui suffit au but que je veux atteindre, puisqu'il met à ma disposition cent mille numéros d'ordre.

Si, au lieu de se suivre, comme dans l'exemple précédent, les chiffres qui sont répétés dans un nombre étaient séparés par un autre chiffre qui serait aussi répété, la règle serait toujours la même, que les signes soient employés *droits* ou *renversés*. Soit (fig. 11), le nombre 90,009 qu'on veut exprimer ; on mettra, pour signe supérieur ou premier signe, le pavillon 9 *droit*, que nous savons être un 9 ; puis, pour deuxième signe, la flamme 1re *renversée*, qui sera un 0, puisque, *renversée*, elle est égale au premier signe *renversé*, et que nous savons que, *renversé*, le premier signe serait un 0 ; mettant pour troisième signe la flamme 2e *renversée*, on aura encore un 0, puisque *renversée* elle est égale au deuxième signe *renversé*, et que nous avons vu que ce deuxième signe représente un 0 ; ajoutant pour quatrième signe la flamme 3e *renversée*, on aura un 0, puisque *renversée* elle est égale au troisième signe *renversé*, et que nous avons vu que ce troisième signe est un 0 ; mettant enfin la flamme 4e *droite*, on aura un 9, puisque *droite* elle est égale au quatrième signe *droit ;* or, nous savons que le quatrième signe serait un 9, s'il était *droit ;* donc la 4e flamme nous donne un 9 et complète le nombre 90,009.

Maintenant, si nous supposons que les chiffres qui sont répétés sont croisés, comme dans le nombre 54,545 (fig. 12), on mettra pour premier signe le pavillon 5 *droit*, qui est un 5 ; ensuite, pour deuxième signe, le pavillon 3 *renversé*, que nous savons aussi être un 4 ; ajoutant pour troisième signe la flamme 1re *droite*, on aura un 5, puisque *droite* elle est égale au premier signe *droit*, et que nous savons que ce premier signe est un 5 ; ajoutant pour quatrième signe la flamme 2e *renversée*, on aura un 4, puisque *renversée* cette flamme 2e est égale au deuxième signe *renversé*, et que nous savons que ce deuxième signe est un 4 ; mettant enfin pour cinquième signe la flamme 3e *droite*, on obtiendra un 5, puisque *droite* elle est égale au troisième signe *droit*, et que nous avons vu que ce troisième signe représente un 5 ; nous avons donc le nombre 54,545 demandé, et la preuve que la règle est applicable dans tous les cas possibles.

Je ferai remarquer que j'ai donné pour exemples les cas qui paraîtront les plus difficiles, et qui cependant seront faciles à résoudre, pour peu qu'on se donne la peine de se familiariser avec la règle (¹).

(¹) Il est facile de voir que les principes que j'établis pour cette télégraphie par dix signes sont absolument les mêmes que ceux que j'ai donnés dans ma brochure de 1855, où j'avais adopté seize signes pour les raisons que j'ai déjà

Les principes que je viens d'expliquer donnent le moyen d'exprimer tous les nombres possibles, de 0 à 99,999.

Cependant, par seule exception et afin de pouvoir signaler toutes les latitudes et longitudes de minute en minute, sans qu'il y ait plus de cinq signes au signal, y compris la flamme du *point*, que j'expliquerai plus loin, la flamme 4ᵉ auxiliaire des nombres, *droite*, placée pour premier signe d'un signal, c'est-à-dire supérieure; vaudra 10,000, en ayant soin de joindre à sa suite trois signes représentant les centaines, les dizaines et les unités, quand bien même ces chiffres seraient des zéros.

Par exemple, si on voulait exprimer le nombre 10,434 (fig. 13), on mettrait la flamme 4ᵉ *droite* pour premier signe, qui indiquerait 10,000; puis, raisonnant comme il est dit à la règle pour exprimer les nombres, on la ferait suivre du pavillon 3ᵉ *renversé*, qui représenterait les 4 cen-

---

indiquées, c'est-à-dire qu'il y avait dix pavillons différents, représentant chacun l'un des chiffres de la numération, au lieu de cinq seulement que j'emploie ici. Il y avait, comme ici, quatre flammes auxiliaires des nombres, un guidon d'*attention*, que j'ai supprimé. Ceux qui ne tiendraient pas à faire l'économie des cinq pavillons supprimés pourraient en avoir dix, où les couleurs seraient distribuées de la même manière que j'indique figure 1ʳᵉ; seulement, on les emploierait chacun pour un chiffre de la numération : *rouge* supérieur pour les chiffres impairs, et *rouge* inférieur pour les chiffres pairs; les flammes seraient toujours employées avec le *vert* supérieur. On raisonnerait pour l'emploi de ces signes de la manière suivante :

La flamme 1ʳᵉ est égale au premier signe d'un signal; la flamme 2ᵉ est égale au deuxième signe; la flamme 3ᵉ est égale au troisième signe, et la flamme 4ᵉ est égale au quatrième signe, sans faire de distinction de *droit* ou *renversé*, puisque les signes, pavillons ou flammes, seraient toujours employés avec les couleurs dans la même position.

Ainsi, pour exprimer le nombre 54,545 cité plus haut, on mettrait le pavillon 5 pour premier signe; ensuite, le pavillon 4, puis ensuite la flamme 1ʳᵉ, qui, étant égale au premier signe, serait un 5; on mettrait ensuite la flamme 2ᵉ, qui, étant égale au deuxième signe, serait un 4; on ajouterait la flamme 3ᵉ, qui serait un 5, puisqu'elle est égale au troisième signe, et que nous savons que ce troisième signe est un 5. Comme on le voit, c'est toujours le même principe, moins la position des signes *droits* ou *renversés*. Ces principes sont établis dans ma brochure de 1855, et dans celle-ci, aux signaux par vêtements.

On pourra donc choisir l'une ou l'autre série indistinctement, puisqu'elles se correspondront; seulement, quand on voudra se servir de la série par quinze signes, il faudra en avertir son interlocuteur, en hissant la flamme d'*attention* seule, *droite* et couplée, lequel interlocuteur doit répondre par cette même flamme *droite* et couplée, ou *droite* et libre, selon qu'il devra se servir de la série par quinze signes ou de celle par dix signes.

Il est bien entendu que la flamme d'*attention* a le même emploi à la série de quinze signes qu'à celle de dix signes.

taines du nombre; ajoutant la flamme 2e *droite*, on aurait les 3 dizaines; mettant enfin la flamme 3e *renversée*, on aurait les 4 unités, ce qui compléterait bien le nombre 10,434 ([1]).

De la Flamme, ou Ballon, d'attention (fig. 1, 2 et 3).

Comme je l'ai déjà fait observer, le rouge et le vert sont exclus de cette flamme, afin de la bien distinguer des autres signes; elle est très-longue à cause de son emploi couplée. Je l'appellerai *droite* quand elle sera hissée avec le noir supérieur, et *renversée* quand elle sera hissée avec le noir inférieur; de plus, je l'appellerai *libre* quand sa queue flottera en liberté, et *couplée* quand sa queue sera frappée à la drisse, un peu au-dessus de sa gaîne.

La flamme, ou ballon, d'*attention* a les emplois suivants :

1° Comme *attention* avant et pendant les signaux, hissée seule, *droite* et *libre;*

2° Comme *attention* quand on a fini de faire des signaux, hissée *renversée* et *libre;*

3° Pour les latitudes observées (méridienne soleil), hissée supérieure à un nombre, *droite* et *libre;*

4° Pour les latitudes estimées, hissée supérieure à un nombre, *renversée* et *libre;*

5° Pour les longitudes observées (chronomètre), inférieure à un nombre, *droite* et *libre;*

6° Pour les longitudes estimées, inférieure à un nombre, *renversée* et *libre;*

7° Pour les heures, minutes et secondes, intermédiaire à deux nombres, *droite* et *libre;*

([1]) Il suit de cette règle, qui est la seule exception que j'aie admise afin de ne pas compliquer les signaux, qu'on peut exprimer tous les nombres de 0 à 10,999 en n'ayant jamais plus de quatre signes au signal ; mais on concevra facilement qu'en employant les quatre flammes auxiliaires des nombres, *droites* et *renversées*, et le pavillon 0 comme premier signe d'un signal, en suivant la marche que je viens d'indiquer à l'égard de la flamme 4e, on pourrait exprimer tous les nombres de 0 à 19,999 inclus, en n'employant jamais plus de quatre signes au signal. Si on portait à dix le nombre des pavillons de la numération, et qu'on combinât leurs couleurs horizontalement, de manière que l'une d'elles indiquât les chiffres de la numération, placée dans la position supérieure, et les mille, placée dans la position inférieure, on pourrait exprimer tous les nombres de 0 à 28,999 inclus, sans qu'il y ait plus de quatre signes à un signal. Qu'on juge par là de l'immense avantage qu'offre la combinaison des couleurs horizontales; mais, je le répète, la méthode que j'ai adoptée me parait plus simple et bien préférable.

8º Pour les mètres et centimètres, intermédiaire à deux nombres, *renversée* et *libre ;*

9º Pour les milles marins et dixièmes, intermédiaire à deux nombres, *droite* et *couplée ;*

10º Pour les nombres entiers purement numériques, inférieure à un nombre, *droite* et *couplée ;*

11º Pour les fractions décimales, supérieure à un nombre, *droite* et *couplée.*

Je ferai remarquer ici que quand on verra la flamme d'*attention* hissée seule, on sera sûr qu'elle n'indique qu'*attention ;*

Que quand on la verra supérieure à un nombre et *libre,* on sera sûr qu'elle indique une latitude ;

Que quand on la verra inférieure à un nombre et *libre,* on sera sûr qu'elle indique une longitude ;

Que quand elle sera intermédiaire à deux nombres, on sera sûr qu'elle indique les heures, les mètres ou les milles, selon qu'elle sera *droite* ou *renversée, libre* ou *couplée ;*

Que quand on la verra inférieure ou supérieure à un nombre, *droite* et *couplée,* on sera sûr qu'elle indique un nombre entier ou une fraction décimale.

Ces remarques, faciles à retenir, faciliteront singulièrement l'emploi de cette flamme.

La flamme d'*attention* donne encore d'autres combinaisons que j'ai négligées pour ne pas trop compliquer son emploi.

Je dois faire également remarquer que partout où la flamme d'*attention* est employée *couplée,* le ballon d'*attention* doit être employé avec ses couleurs *verticales,* en le suspendant par le grand cercle du centre et non par les sommets des cônes. Dans cette position, les deux cônes seront abandonnés à eux-mêmes et resteront pendants : cela ne pourra causer aucune erreur, puisque, si le ballon se présente de face, il paraîtra tout noir ou tout jaune ; si, au contraire, il se présente de profil, il montrera une surface allongée, noire et jaune dans le sens vertical ; seulement, dans ce dernier cas, il aura l'inconvénient de montrer une surface restreinte, inconvénient peu sérieux, du reste, puisque la différence de forme que cela lui donnera le fera facilement reconnaître.

Du reste, pour parer à cet inconvénient, on pourra employer le ballon d'*attention* avec les couleurs verticales, en le tenant développé : pour cela, il suffira d'avoir une verge droite, en bois, de la longueur du ballon ; cette verge sera percée d'un trou à chaque bout, que l'on fixera au sommet de chaque cône au moyen d'un morceau de ligne, de manière à ce que l'étamine tende bien.

Le ballon ainsi employé ne peut amener aucune méprise, puisque, s'il se présente de face, il montrera un cercle tout noir ou tout jaune ; s'il se présente de profil, il montrera un sphéroïde divisé en deux couleurs, l'une noire et l'autre jaune, *verticales* (voir son effet à la figure 21).

Il sera bien que la verge soit brisée en deux ou trois parties, afin de pouvoir la loger dans le *sac aux ballons*. Pour s'en servir, on réunira ces parties au moyen de douilles en métal pareilles à celles employées pour joindre les deux bouts des cercles réductibles (¹).

Maintenant, je vais donner quelques exemples de la flamme ou ballon d'*attention*.

Employée comme *attention*.

La flamme d'*attention* hissée seule, *droite* et *libre*, avant de faire des signaux, veut dire : *Faites attention, je vais faire des signaux d'après le système Cathérineau par dix signes.* Pendant qu'on fait les signaux et dans la même position, elle veut dire : *J'ai compris votre signal.*

Hissée seule, *renversée* et *libre*, après avoir fait des signaux, elle veut dire : *J'ai fini ma communication,* ou de faire des signaux.

Employée pour signaler les *longitudes* et *latitudes*.

La flamme d'*attention* étant jointe à un numéro d'ordre dans l'une des quatre positions que j'ai indiquées pour les latitudes et longitudes, indiquera que ce numéro d'ordre se rapporte aux degrés et minutes inscrits à la première colonne de gauche des pages du vocabulaire, et non au mot ou à la phrase de la troisième colonne ; et la position de la flamme fera connaître s'il s'agit d'une latitude ou d'une longitude.

Exemples par les pavillons et par les ballons.

(Fig. 14.) Latitude observée (méridienne-soleil), 69° 34', correspondant au numéro d'ordre 4,174.
(Fig. 15.) Longitude observée par chronomètre, 111° 11', correspondant au numéro d'ordre 6,671.

J'ai négligé d'inscrire les secondes à la colonne des degrés et minutes, parce que j'ai pensé qu'il est suffisant de pouvoir donner à la mer le point à une minute près ; mais, comme je l'ai déjà dit, si on voulait signaler des secondes, on le ferait à l'aide de la table n° 10, après avoir signalé les degrés et minutes.

(¹) Si on craignait que l'emploi de la flamme d'*attention couplée,* ou du ballon d'*attention* avec les couleurs verticales, pût avoir quelque inconvénient, on pourrait les remplacer par le pavillon national, sans qu'il fût nécessaire de prévenir de ce changement, car la vue du pavillon national dans un signal indiquerait suffisamment son emploi, et quand il devrait avertir qu'on va se servir de la série par quinze signes, il serait aperçu *couplé,* c'est-à-dire la queue reployée au haut de la gaîne.

Si la longitude était déduite des distances au soleil ou aux étoiles, on trouverait inscrit au vocabulaire, au mot *longitude*, une phrase qui le ferait connaître; on signalerait d'abord cette phrase, puis le numéro d'ordre correspondant aux degrés et minutes, sans y joindre la flamme d'*attention*, qui devient ici, et dans tous les cas semblables, tout à fait inutile, puisque la phrase qui précède indique suffisamment que le signal suivant exprime les degrés et minutes de la longitude dont il est question.

La longitude est toujours comptée du méridien de Paris, dont la différence avec celle de Greenwich est de 2° 20′ 15″ plus à l'est.

Les latitudes et longitudes sont toujours calculées pour l'instant où on fait le signal. Quant à leur espèce, il ne peut y avoir de doute à cet égard, à moins d'être près de l'équateur, pour la latitude, et près du premier mériden, pour la longitude; dans ce cas, on signalerait leur espèce, après avoir signalé les degrés et minutes, au moyen des mots *nord* ou *sud*, *est* ou *ouest*, pris au vocabulaire (¹).

De l'emploi de l'*attention* pour signaler les *heures*.

Les heures se signalent en plaçant la flamme d'*attention droite* et *libre*, intermédiaire à deux nombres; l'un, le supérieur, représente les heures; l'autre, l'inférieur, représente les minutes, s'il ne dépasse par 60; il représente les minutes et secondes s'il dépasse 60. Dans ce dernier cas, celui qui reçoit le signal divise le nombre inférieur par 60 pour avoir les minutes, et le reste représente les secondes; celui qui fait le signal multiplie, au contraire, les minutes qu'il veut signaler par 60, pour en faire des secondes, et y ajoute les secondes : la somme lui donne le nombre inférieur de son signal.

Exemples par les ballons et par les pavillons.

(Fg. 16.) La flamme d'*attention droite* et *libre*, interméd. aux deux nombres 3 et 22, exprime 3ʰ 22′.
(Fig. 17.) Le ballon d'*attention droit*, intermédiaire aux nombres 9 et 130, exprime 9ʰ 2′ 10″.

Comme on peut le remarquer, le signe d'*attention* ne joue ici que le rôle d'une virgule séparant les heures des minutes.

Je ferai remarquer que, si on avait à signaler plus de 9 heures 59 minutes avec des secondes, il y aurait plus de cinq signes au signal. Dans

---

. (¹) Il m'eût été facile d'exprimer les degrés et minutes de latitude et de longitude en plaçant la flamme d'*attention* dans une position intermédiaire à deux nombres, dont l'un, le supérieur, serait les degrés, et l'inférieur, les minutes; mais cette méthode exigeant plus de cinq signes à un signal pour exprimer les longitudes au-dessus de 100°, j'ai préféré adopter la marche que je viens d'indiquer, et conserver à la flamme d'*attention* cette position intermédiaire pour exprimer les heures, les milles marins et les mètres.

ce cas, on peut signaler d'abord les heures et minutes, et signaler ensuite les secondes à l'aide de la table n° 10.

Les heures seront toujours comptées astronomiquement, c'est-à-dire d'un midi à l'autre, de 0 à 24 heures, comme c'est l'usage dans la marine : il n'est donc pas nécessaire d'indiquer heures du matin ou heures du soir.

De l'emploi de l'*attention* pour signaler les *mètres* et *centimètres*.

On les signale en plaçant la flamme d'*attention renversée* et *libre*, intermédiaire à deux nombres : l'un, le supérieur, sera les mètres ; l'inférieur sera les centimètres ; les millimètres, s'il y en a, seront signalés ensuite à l'aide de la table n° 11.

Exemples par pavillons et ballons.

(Fig. 18.) La flamme d'*attention renversée* et *libre*, entre les nombres 22 et 33, exprime 22 mèt. 33 c.
(Fig. 19.) Le ballon d'*attention renversé*, entre les nombres 1 et 77, exprime 1 mètre 77 cent.

Ici, le signe d'*attention* joue encore le rôle d'une virgule séparant les mètres des centimètres.

Il m'eût été facile de donner le moyen de signaler les mètres, centimètres et millimètres, en un seul signal ; mais, indépendamment qu'il arrive bien rarement qu'on ait à exprimer des millimètres, il était important de rendre ces signaux aussi simples que possible, à cause de leur fréquent usage pour signaler le tirant d'eau des navires, et surtout la hauteur de la marée à l'entrée des ports, où l'on fera bien d'abandonner cette foule de signaux de marée, qui, différant pour presque tous les ports, mettent souvent les marins dans un grand embarras et peuvent occasionner de graves événements.

De l'emploi de l'*attention* pour signaler les *milles marins* et les *dixièmes*.

On signalera les milles marins en plaçant la flamme d'*attention droite* et *couplée,* intermédiaire à deux nombres : le supérieur indiquera les milles, l'inférieur, les dixièmes.

Exemples par pavillons et ballons.

(Fig. 20.) La flamme d'*attention droite* et *couplée*, entre les nomb. 35 et 8, indique 35 milles 8 dixmes.
(Fig. 21.) Le ballon d'*attention* avec les couleurs verticales, c'est-à-dire hissé par le grand cercle, placé entre les nombres 34 et 0, indique 33 milles 0 dixième.

L'*attention* est encore ici la virgule séparant les milles des dixièmes.

Je crois devoir rappeler que le mille marin est le tiers de la lieue marine de 20 au degré, et qu'il a 1,851 mètres de longueur.

Partout où le signe d'*attention* doit être employé intermédiairement à deux nombres, si l'un des éléments manque, il sera remplacé par 0, comme au dernier exemple, qui n'exprime que des milles et où les dixièmes sont

remplacés par 0. On conçoit que, sans cette précaution, qui, du reste,
tombe sous le sens, on pourrait faire des erreurs.

De l'emploi de l'*attention* pour signaler les *nombres entiers* purement numériques.

Les nombres entiers purement numériques se signalent absolument de
la même manière que les numéros d'ordre, et pour les distinguer de ces
derniers et faire comprendre que le signal n'exprime pas un numéro d'ordre, mais seulement un nombre entier, on y joindra la flamme d'*attention
droite* et *couplée*, inférieure au signal qui exprime le nombre.

Exemples par pavillons et par ballons.

(Fig. 22.) La flamme d'*attention droite* et *couplée*, placée *inférieure* au nombre 393, indique que
ce nombre est purement numérique.

(Fig. 23.) Le ballon d'*attention* avec les couleurs *verticales*, *inférieur* au nombre 888, indique qu'il
est purement numérique.

Le signe d'*attention* joue ici le rôle d'un point marquant la fin du nombre et prévenant que ce nombre n'est pas un numéro d'ordre, mais une
quantité purement numérique d'un objet quelconque.

Si on avait à signaler un nombre au-dessus de 99,999, on se servirait
de la table n° 9, en suivant la marche indiquée à l'explication des tables,
page 23.

De l'emploi de l'*attention* pour signaler les *fractions décimales.*

On signale les fractions décimales en plaçant la flamme d'*attention droite*
et *couplée*, au-dessus d'un nombre exprimant cette fraction, qui sera des
dixièmes si ce nombre n'a qu'un chiffre, des centièmes s'il en a deux, des
millièmes s'il en a trois, ainsi de suite.

Exemples par pavillons et par ballons.

(Fig. 24.) L'*attention droite* et *couplée*, supérieure au nombre 37, indique 0 entiers 37 centièmes.
(Fg. 25.) L'*attention couleurs verticales*, supérieure au nombre 027, indique 0 entiers 27 millièmes.

L'*attention* joue ici le rôle d'indicateur des fractions décimales et est en
quelque sorte le zéro qui indique qu'il n'y a pas d'entiers.

J'ai négligé de donner les fractions ordinaires $\frac{1}{2}$, $\frac{3}{4}$, etc., etc., parce
qu'elles sont toujours faciles à exprimer par les fractions décimales 0,50
centièmes, 0,75 centièmes, etc. ([1]).

([1]) Je n'ai donné à la flamme d'*attention* que les onze emplois que je viens
d'expliquer; mais elle présente trois autres combinaisons qu'on pourrait utiliser
pour indiquer d'autres éléments, si on le jugeait convenable; dans ce cas, il
faudrait que cela fût convenu à l'avance.

Comme on a pu s'en apercevoir, la flamme d'*attention* joue ici le même rôle
que la flamme du *point* de ma brochure de 1855; seulement, les dispositions

Des Airs de vent.

Les airs de vent sont portés au vocabulaire, de demi-quart en demi-quart, à leur ordre alphabétique respectif, avec les phrases qui leur sont relatives : au mot *Nord*, on trouve tous les airs de vent, de demi-quart en demi-quart, du Nord au N.-O. ¼ O., et du Nord au N.-E. ¼ E.; au mot *Sud*, tous ceux du Sud au S.-O. ¼ O., et du Sud au S.-E. ¼ E.; au mot *Est*, tous ceux de l'Est à l'E.-N.-E. ½ N., et de l'Est à l'E.-S.-E. ½ S.; au mot *Ouest*, tous ceux de l'Ouest à l'O.-N.-O. ½ N., et de l'Ouest à l'O.-S.-O. ½ S.

Les airs de vent seront toujours ceux du compas, sans avoir égard à la variation.

Les quatre flammes, ou les quatre ballons, auxiliaires des nombres n'ayant aucune valeur numérique hissées seules ou ensemble, peuvent donner un certain nombre d'articles, en les combinant entre elles *droites* ou *renversées*. Je laisse cette ressource à la disposition des marins, pour les communications particulières et conventionnelles, telles que l'appel des embarcations, des hommes de l'équipage, etc., etc.

Cependant, j'ai disposé de huit de ces combinaisons pour exprimer des choses qu'il est important de pouvoir communiquer le plus promptement possible, quoique ces choses soient portées au vocabulaire à leur ordre alphabétique; ce sont :

1° La flamme 1ʳᵉ *droite* et *seule* : Ralliement général et absolu;

2° La flamme 1ʳᵉ *renversée* et *seule* : Un homme est tombé à la mer, manœuvrez pour le sauver. (Elle devra rester hissée jusqu'à ce que l'homme soit sauvé ou qu'on ait perdu tout espoir de le sauver, à moins qu'on n'ait besoin de cette flamme pour faire d'autres signaux);

3° La flamme 2ᵉ *droite* et *seule* : Oui;

4° La flamme 2ᵉ *renversée* et *seule* : Non;

5° La flamme 3ᵉ *droite* et *seule* : Danger devant vous, changez immédiatement de route;

---

horizontales des couleurs à la flamme d'*attention* m'ont permis de lui faire exprimer un plus grand nombre d'éléments.

Quant à la flamme de *rendez-vous* qui figure à ma brochure de 1855, je l'ai supprimée comme étant d'un usage fort rare, et parce qu'on trouve au vocabulaire, au mot *rendez-vous*, des phrases qui, signalées avant de signaler les degrés et minutes, donneront toutes les facilités désirables pour ces sortes de communications; mais rien n'empêche de rétablir cette flamme, si on ne tient pas à en faire l'économie.

6° La flamme 3° *renversée* et *seule :* Nous sommes en grande détresse, venez promptement à notre secours ;

7° La flamme 4° *droite* et *seule :* Venez tous sur tribord immédiatement ;

8° La flamme 4° *renversée* et *seule :* Venez tous sur babord immédiatement.

> Ces deux signaux sont applicables à un navire à l'ancre quand il y a du courant.

OBSERVATIONS IMPORTANTES.

Ce n'est qu'en portant la plus grande attention, quand on fait des signaux à la mer, qu'on peut espérer d'éviter les erreurs ; c'est pour cela que je recommande les observations suivantes :

1° Ne commencer une communication qu'après avoir prévenu par l'*attention,* de la manière qu'il a été indiqué, de se préparer à faire des signaux ;

2° Hisser toujours l'*attention* pour indiquer qu'on a compris le signal ;

3° Ne jamais amener un signal avant que celui à qui il s'adresse ait répondu par l'*attention* qu'il l'a compris, à moins qu'on ne renonce à faire des signaux ;

4° Hisser l'*attention* de la manière qu'il a été indiqué pour faire comprendre qu'on a fini les signaux ;

5° Il faut toujours hisser l'*attention droite* et *libre* après chaque mot qu'on exprime à l'aide de la table syllabique et des lettres de l'alphabet, afin de faire connaître qu'il est complet ;

6° L'exécution d'un ordre commence toujours au moment où on amène le signal donnant cet ordre ;

7° Si on veut rendre les communications secrètes, il suffira de changer le numéro des pavillons numériques et des flammes auxiliaires de la numération ; mais on comprend qu'il faudra que les interlocuteurs soient prévenus de ces changements ;

8° Il faut toujours avoir soin de marquer les pavillons et les ballons-réductibles à leur extrémité, en gros caractère, du chiffre que représente le ballon ou le pavillon avec cette partie placée dans une position supérieure.

———

Quoique cet ouvrage soit plus particulièrement destiné à la marine, le vocabulaire est composé de telle sorte, qu'il pourra servir à terre de guide de la conversation entre personnes de différentes nations ; seulement, au lieu de se servir de signaux pour leurs communications, elles écriraient les numéros d'ordre sur du papier, en ayant soin de souligner le nombre en dessous quand il devra exprimer un nombre entier purement numérique, et en dessus quand il devra exprimer une fraction décimale. Les latitudes et longitudes, les heures, les mètres et les milles marins, seront indiqués avant leur nombre par leur nom respectif.

On conçoit combien cet emploi de mon Code de signaux peut devenir utile aux personnes voyageant en pays étranger ; cela me fait espérer qu'on l'utilisera pour cet usage.

Des Signaux économiques par les vêtements.

Comme le montre la figure 4ᵉ, ces signaux seront faits à l'aide des objets suivants, chargés de remplacer la série de pavillons ou de ballons, pour exprimer les numéros d'ordre et les autres éléments du Code de signaux :

Une chemise blanche..........	frappée par le bas, donne le chiffre... 1.	
	frappée par les manches, donne le chiffre 2.	
Une chemise de couleur quelconque.	frappée par le bas, donne le chiffre... 3	
	frappée par les manches, donne le chiffre 4.	Pour exprimer
Un pantalon blanc.	frappé par le bas, donne le chiffre.... 5.	les dix chiffres de la
	frappé par le haut, donne le chiffre... 6.	numération.
Un pantalon de couleur quelconque.	frappé par le bas, donne le chiffre.... 7.	
	frappé par le haut, donne le chiffre... 8.	
Un gilet sans manches, blanc....	frappé par le bas, donne le chiffre.... 9.	
Un gilet sans manches, de couleur.	frappé par le haut, donne le chiffre... 0.	

Je ferai remarquer que les signes frappés par le bas donnent les chiffres impairs, et frappés par le haut, les chiffres pairs ; et que les signes seront réputés blancs, quand cette couleur dominera, et de couleur, quand une couleur quelconque dominera ; cependant, je recommande de se servir d'objets dont les couleurs tranchent le plus, telles que rouge, noir ou bleu, pour les signes de couleur, et complétement blancs pour les signes blancs.

Les signes auxiliaires de la numération seront représentés par les objets suivants :

L'auxiliaire 1ᵉʳ sera représenté par un ballon, ou corps opaque quelconque, blanc ;

L'auxiliaire 2ᵉ sera représenté par un ballon, ou corps opaque quelconque, noir ;

L'auxiliaire 3ᵉ sera représenté par un mouchoir, ou morceau d'étoffe quelconque, blanc ;

L'auxiliaire 4ᵉ sera représenté par une cravate noire ou un mouchoir de couleur.

Les auxiliaires des nombres pairs 2 et 4 sont ici représentés par des objets de couleur, et les impairs 1 et 3 par les objets blancs : cela facilite le souvenir.

Le mouchoir blanc peut être remplacé par une serviette, un drap de lit, etc.; celui de couleur, par un morceau d'étoffe de couleur foncée, même par un *prélart* de panneau goudronné. Les ballons-défense, qu'ont ou que devraient avoir tous les navires, serviront parfaitement pour les ballons-signaux auxiliaires 1er et 2e, en ayant soin d'en peindre un en blanc et l'autre en noir. Ils pourront être remplacés : le blanc, par un sac de toile rempli de fatras ou d'étoupe; le noir, par un paquet de fatras ou d'étoupe enveloppé d'un *prélart* de panneau. Il n'est peut-être pas inutile de rappeler ici que les meilleurs ballons-défense, et en même temps les plus propres au présent système de signaux, sont ceux formés d'une sphère en toile, remplie de copeaux de liége, qu'on se procure chez les fabricants de bouchons, le tout bien estropé et peint en noir et en blanc.

Dans ce système de signaux économiques, les signes ne coûtant absolument rien, puisque ce sont des objets qu'on a à sa disposition, j'ai adopté dix signes pour représenter les dix chiffres de la numération; par conséquent il n'y a pas de distinction de *droit* et de *renversé* à faire pour ces dix signes, ni pour les quatre auxiliaires des nombres.

Voici leur emploi pour exprimer tous les nombres possibles, de 0 à 99,999, en n'ayant jamais plus de cinq signes dans un signal :

Il est évident que tous les nombres où le même chiffre ne se répète pas pourront être exprimés à l'aide des dix signes représentant les dix chiffres de la numération, sans l'aide de leurs quatre auxiliaires.

On signalera les nombres où le même chiffre est répété, en appliquant la règle suivante, qui est invariable :

> L'auxiliaire 1er est égal au premier signe d'un signal, en comptant les signes d'en
> L'auxiliaire 2e est égal au deuxième signe d'un signal, haut en allant en bas,
> L'auxiliaire 3e est égal au troisième signe d'un signal, comme je l'ai déjà dit
> L'auxiliaire 4e est égal au quatrième signe d'un signal, pour les pavillons.

Si donc on avait à exprimer le nombre 22,222, où le même chiffre est répété cinq fois, on mettrait (fig. 26) pour premier signe une chemise blanche frappée par les manches, donnant le chiffre 2; ensuite, l'auxiliaire 1er pour deuxième signe : il serait un 2, puisqu'il est égal au premier signe, et que nous savons que le premier signe est un 2; mettant ensuite le 2e auxiliaire pour troisième signe, on aurait encore un 2, puisqu'il est égal au deuxième signe, et que nous savons que le deuxième signe est un 2; si on ajoute le 3e auxiliaire pour quatrième signe, il fournira un 2, puisqu'il est égal au troisième signe, et que nous avons vu que le troisième signe est un 2; mettant enfin le 4e auxiliaire pour cinquième signe, on obtiendra un 2, puisqu'il est égal au quatrième signe, et que nous avons vu que ce quatrième signe est un 2; on aura donc composé le nombre proposé 22,222.

Comme à la série de pavillons et de ballons-réductibles, l'auxiliaire 4e des nombres vaudra 10,000, quand, dans un signal composé de plusieurs signes, il sera supérieur aux autres signes.

Comme on le voit, cette méthode est absolument la même que celle indiquée pour les pavillons ou ballons-réductibles, dans le cas où, négligeant l'économie de cinq signes, on porterait à dix au lieu de cinq les signes représentant les dix chiffres de la numération, comme je l'ai déjà expliqué à la note page 41.

Du Signe d'attention des signaux économiques, aidé du pavillon national.

L'attention (fig. 4) sera faite avec un morceau de toile (ou fourrure) de 3 ou 4 mètres de long, à cause de son emploi *couplée* (ou d'une longue flamme quelconque, s'il s'en trouve une à bord), et du pavillon national.

Pour obtenir les mêmes combinaisons à l'aide du morceau de fourrure et du pavillon national qu'avec *l'attention* de la série de pavillons ou de ballons-réductibles, on les emploiera d'après les règles suivantes :

1° *Attention* avant et pendant les signaux, le morceau de toile hissé *seul* et *libre ;*

2° *Attention* quand on a fini les signaux, le morceau de toile hissé *seul* et *couplé ;*

3° Latitude observée (méridienne-soleil), le morceau de toile supérieur à un nombre et *libre ;*

4° Latitude estimée, le morceau de toile supérieur à un nombre et *couplé ;*

5° Longitude observée (chronomètre), le morceau de toile inférieur à un nombre et *libre ;*

6° Longitude estimée, le morceau de toile inférieur à un nombre et *couplé ;*

7° Heures, minutes et secondes, le morceau de toile intermédiaire à deux nombres et *libre ;*

8° Mètres et centimètres, le morceau de toile intermédiaire à deux nombres et *couplé ;*

9° Milles marins et dixièmes, le pavillon national intermédiaire à deux nombres et *libre ;*

10° Nombres entiers, le pavillon national inférieur à un nombre et *libre ;*

11° Fractions décimales, le pavillon national supérieur à un nombre et *libre.*

Ces onze emplois du morceau de toile et du pavillon national ayant le même effet et indiquant les mêmes éléments que *l'attention* de la série de pavillons ou de ballons-réductibles, je n'ai pas à répéter ici ce que j'ai dit à ce sujet pages 42 et suivantes : on peut le consulter ; cependant, voici quelques exemples qui suffiront pour lever tous les doutes :

Figure 27, latitude observée (méridienne-soleil), 69° 51′, correspondant au numéro d'ordre 4,191 du vocabulaire (voir tableau n° 1);

Figure 28, exprime 7 mètres 22 centimètres;

Figure 29, exprimant 4 milles marins 6 dixièmes.

Quand le vent ne sera pas assez fort pour faire soulever et développer les signes des signaux économiques, on pourra les établir verticalement, à la suite les uns des autres, fixés à deux lignes **AB**, **CD** (fig. 30), dont les bouts seront frappés aux extrémités des vergues minces **AC** et **BD**, suspendues et tendues par les pattes-d'oie **AGC** et **BHD**, servant à hisser ce petit appareil et à le haler-bas. Une troisième ligne **EF** est placée au centre des vergues, pour y fixer les ballons qui pourront se trouver dans le signal. Bien entendu que les signes qui doivent être frappés par le haut doivent avoir leur haut en haut; quand ils doivent être frappés par le bas, c'est au contraire le bas qui doit se trouver en haut, comme le montre 'exemple de la figure 30, qui exprime le numéro d'ordre 4,225, indiquant au vocabulaire : *Si vous chassez, appareillez de suite*. (Voir le tableau n° 1.)

Quand le morceau de toile qui sert d'*attention* entrera dans un signal, s'il est *libre*, son extrémité inférieure sera pendante; s'il est *couplé*, son extrémité inférieure sera relevée et frappée près de la gaîne, comme le montre la figure 31, où **A** est le premier cas, **B** le second.

Pour exprimer, à l'aide des quatre auxiliaires des nombres des signaux économiques, les huit communications que j'ai indiquées page 48 comme ayant besoin d'être signalées avec la plus grande rapidité possible, on procédera de la manière suivante :

1° Le 1er auxiliaire *seul* : Ralliement général et absolu;

2° Le 2e auxiliaire *seul* : Un homme est tombé à la mer, manœuvrez pour le sauver. (Ce signal devra rester hissé jusqu'à ce que l'homme soit sauvé ou qu'on ait perdu tout espoir de le sauver, à moins qu'on n'ait besoin de cet auxiliaire pour faire d'autres signaux;

3° Le 3e auxiliaire *seul* : Oui;

4° Le 4e auxiliaire *seul* : Non;

5° Les 1er et 2e auxiliaires *seuls* : Danger devant vous, changez immédiatement de route;

6° Les 1er et 3e auxiliaires *seuls* : Nous sommes en grande détresse, venez promptement à notre secours;

7° Les 1er et 4e auxiliaires *seuls* : Venez tous sur tribord immédiatement;

8° Les 2e et 3e auxiliaires *seuls* : Venez tous sur babord immédiatement.

> Ces deux signaux sont applicables à un navire à l'ancre quand il y a du courant.

Comme il est facile de le voir, on peut faire, avec cette série économique, les mêmes communications qu'avec la série de pavillons ou de ballons-réductibles; ceux qui n'auront que ces signaux économiques à leur disposition pourront donc, sans le moindre inconvénient, correspondre avec ceux munis, soit de la série de pavillons, soit de la série de ballons-réductibles.

DES SIGNAUX DE NUIT.

Les signaux de nuit ont toujours présenté de grandes difficultés dans la pratique; ils n'ont permis, dans les divers systèmes imaginés, qu'un très-petit nombre d'articles : par exemple, celui adopté par la marine militaire de France ne fournit, à l'aide de *six fanaux*, que 120 articles, divisés en six chapitres, qu'on indique par des coups de canon, des fusées ou des feux du Bengale, moyen qui présente l'énorme inconvénient de ne pouvoir dissimuler sa présence à l'ennemi.

Je suis parvenu, à l'aide de *trois fanaux* de couleur différente : *blanc* ou incolore, *rouge* et *vert* (¹), à faire les signaux de nuit avec la même étendue que les signaux de jour, et se rapportant à tous les éléments de mon Code de signaux, évitant par là l'inconvénient de tous les autres systèmes, qui exigent des tables spéciales.

Seulement, mes signaux de nuit se feront moins rapidement que mes signaux de jour; mais je crois qu'il vaut mieux se renfermer dans un seul vocabulaire pour les signaux de jour et de nuit, que d'être obligé de faire un vocabulaire spécial pour ces derniers, lequel, du reste, aurait les inconvénients que j'ai indiqués plus haut. D'ailleurs, chaque signe ne se composant que de deux ou trois feux au plus hissés à la fois, on conçoit que, si les fanaux sont convenablement installés, les signaux pourront être faits avec une rapidité suffisante, eu égard aux inconvénients que présentent ces sortes de signaux.

Cependant, je dois faire remarquer ici que mes signaux de nuit seront faits avec plus de rapidité que les signaux de jour du système Reynold par trois signes, surtout pour les latitudes, les longitudes, les heures, les mètres, etc.

Dans mon système de signaux de nuit, on pourrait craindre la confusion des feux de couleur entre eux, par certain état de l'atmosphère : qu'on se rassure à ce sujet, car je ne propose cette méthode qu'après avoir fait des expériences, qui, du reste, pourront être répétées avant la publication de mon grand travail. Ces expériences m'ont donné la certitude que cette confusion est impossible, à moins d'avoir un temps complétement bru-

---

(¹) Ou *bleu*, celle de ces deux couleurs qui absorbe le moins les rayons lumineux.

meux ; mais dans ce cas les signaux de nuit seraient impossibles avec n'importe quel système de signaux. J'ajouterai qu'il faut bien que les Commissions qui ont été chargées d'indiquer une méthode de feux de position pour les bateaux à vapeur, aient pensé, comme moi, que les feux de couleur n'ont aucun inconvénient, puisqu'elles les ont adoptés dans leur travail, qui est devenu réglementaire pour la marine.

Mais pour que mon travail soit complet, je donne une méthode de signaux de nuit par des feux incolores. Elle diffère de la première en ce qu'elle nécessite cinq fanaux, et qu'il peut y avoir cinq feux hissés à la fois pour un signal. C'est aux hommes compétents à décider laquelle des deux vaut le mieux, avant la publication de mon grand travail. Du reste, rien n'empêche de conserver les deux : chacun pourra se servir de celle qui lui conviendra, puisqu'elles se correspondront parfaitement.

Les signaux de nuit à l'aide des fanaux, comme les signaux de jour à l'aide des signes qui leur sont appropriés, sont basés sur les dix chiffres de la numération et servent à indiquer les numéros d'ordre de mon Code de signaux, avec cette seule différence, que les chiffres composant un nombre exprimant un numéro d'ordre seront toujours signalés les uns après les autres ; c'est-à-dire que, pour signaler, par exemple, le nombre 452, il faut d'abord hisser le signal indiquant le chiffre 4, ensuite celui qui indique le chiffre 5, enfin celui qui indique le chiffre 2. Celui qui reçoit les signaux, écrivant ces chiffres à la suite les uns des autres, trouve bien le nombre 452.

Cela posé, si nous désignons par B le feu blanc, par R le feu rouge, et par V le feu vert, nous aurons la combinaison suivante pour exprimer les dix chiffres de la numération (voir fig. 32).

LES DIX CHIFFRES DE LA NUMÉRATION.

R V } donne le chiffre........ 1	B R V } donne le chiffre........ 7
V R } donne le chiffre........ 2	V R B } donne le chiffre........ 8
B R } donne le chiffre........ 3	B V R } donne le chiffre........ 9
R B } donne le chiffre........ 4	R V B } donne le chiffre........ 0
B V } donne le chiffre........ 5	
V B } donne le chiffre........ 6	

Ici, les signes auxiliaires des nombres sont inutiles, puisque les chiffres sont signalés les uns après les autres pour composer un nombre où le même chiffre se répète ; par exemple, pour signaler le nombre 5,555, on hissera le signal B V } = 5, et quand l'interlocuteur aura répondu par *l'attention* qu'il a distingué le signal, on hissera encore le signal $\left.\begin{smallmatrix} B \\ V \end{smallmatrix}\right| = 5$, pour le hisser de nouveau, et le hisser une quatrième fois, ce qui donne bien quatre chiffres 5, ou 5,555 ; puis on hissera *l'attention*, pour faire connaître que le nombre est complet.

Pour les signes d'*attention*, des latitudes et longitudes, des heures, des mètres, des milles marins, des nombres entiers et des fractions décimales, voici les combinaisons que j'ai adoptées (voir fig. 32) :

SIGNAL d'attention.	R	hissé seul avant d'avoir fait des signaux, veut dire : *Faites attention, je vais faire des signaux de nuit par la méthode Cathérineau*
		hissé seul pendant qu'on fait des signaux, veut dire . *J'ai compris votre signal.*
	V	hissé seul après avoir fait des signaux, veut dire : *J'ai fini ma communication, ou de faire des signaux.*
SIGNAL des latitudes.	R B V	hissé avant un numéro d'ordre, indique latitude observée (méridienne–soleil). hissé après un numéro d'ordre, indique latitude estimée.
SIGNAL des longitudes.	V B R	hissé avant un numéro d'ordre, indique longitude observée (par chronomètre). hissé après un numéro d'ordre, indique longitude estimée.
SIGNAL des heures.	B | V R	Ce signal sera toujours hissé après qu'on a signalé un nombre, et suivi d'un autre nombre ou d'un zéro. Le premier nombre indique les heures ; le second indique les secondes, qui, divisées par 60, donnent les minutes, et le reste donne les secondes.
SIGNAL des mètres.	B | R V	Ce signal sera toujours hissé après qu'on aura signalé un nombre, et suivi d'un autre nombre ou d'un zéro qui en tient lieu ; le premier de ces nombres indique les mètres, le second indique les centimètres. S'il y avait des millimètres, il faudrait les signaler ensuite à l'aide de la table n° 11, à ce destinée.
SIGNAL des milles marins.	R V | B	Ce signal sera toujours hissé après qu'on aura signalé un nombre, et suivi d'un autre nombre ; le premier indique les milles, le second les dixièmes. S'il n'y avait pas de dixièmes, il faudrait hisser le zéro pour en tenir lieu.
SIGNAL des nombres entiers et fractions décimales.	V R | B	Ce signal, hissé après un nombre, indique que ce nombre doit être pris comme nombre entier purement numérique ; Hissé avant un nombre, il indique que ce nombre doit être pris comme fraction décimale en dixièmes, centièmes, etc., selon qu'il y aura un, deux, etc., chiffres à ce nombre.

Observations importantes sur cette méthode de signaux de nuit.

1° Il ne faut jamais amener un signal avant que l'interlocuteur ait répondu par *l'attention* qu'il l'a compris ; d'où il suit qu'il faut toujours répondre par *l'attention* qu'on a compris un signal ;

2° Il faut toujours hisser *l'attention* après avoir signalé le dernier chiffre d'un nombre, afin de bien indiquer que ce nombre est complet, excepté quand ce nombre est suivi du signal des *latitudes estimées*, ou de celui des *longitudes estimées*, ou de celui des *heures*, ou de celui des *mètres*, ou de celui des *milles marins*, ou de celui des *nombres entiers*, parce que ces signaux indiquent suffisamment que le nombre est *complet* ;

3° La combinaison de ces signaux n'admet que des feux *verticaux* ;

4° Le feu *blanc* n'est jamais hissé seul, afin d'éviter sa confusion avec un feu quelconque, même avec une étoile ;

5° Un feu seul, *rouge* ou *vert*, est toujours l'un des signes d'*attention;* trois feux hissés avec des espaces différents entre eux seront toujours l'un des signaux suivants : des *heures,* des *mètres,* des *milles marins,* des *nombres entiers* purement numériques, ou des *fractions décimales ;*

6° J'ai admis, comme on peut le voir plus haut, que les feux pourront être différemment espacés ; le plus petit espace $\frac{V}{R}$ entre les feux d'un signal sera de 1 mètre ; le grand espace $\frac{B}{V}$, désigné par un trait vertical, sera de 3 mètres ; et pour éviter toute erreur dans l'appréciation de ces différents espaces, j'ai eu soin de combiner les signaux de manière que, quand les feux sont inégalement espacés entre eux, on a sous les yeux l'espace de 1 mètre et celui de 3, puisqu'ils sont *toujours* dans le même signal ; il est évident que leur comparaison fera éviter toute méprise ;

7° Enfin, pour obtenir la plus grande rapidité possible dans les signaux de nuit, il est important que les fanaux soient bien installés, c'est-à-dire *estropés* en tresse, portant un petit cabillot de bois dans le haut, et dans le bas une queue de 3 mètres de long, pour le grand intervalle, terminée par un œillet ; un autre œillet doit être établi sur cette queue, à 1 mètre à partir du fanal. Cabillots et œillets sont destinés à frapper les fanaux à la drisse de pavillons ou entre eux. (Voir la figure 33.)

Voici quelques exemples de cette méthode de signaux de nuit :

Supposons que T veuille signaler à **S** : *Prenez chasse au mieux de votre sûreté,* portant au vocabulaire (tableau n° 1) le n° 4,207 ; il hissera d'abord le feu *rouge* seul, indiquant : *Faites attention, je vais faire des signaux de nuit par le système Cathérineau ;* puis il hissera le signal $\frac{R}{B} \left\{ = 4 \right.$, ensuite $\frac{V}{R} \left\{ = 2 \right.$, ensuite $\substack{R \\ V \\ B} \left\} = 0 \right.$, ensuite $\substack{B \\ R \\ V} \left\} = 7 \right.$, puis enfin le feu *rouge* seul, pour indiquer que le nombre est complet. S ayant écrit les chiffres à la suite les uns des autres, aura bien le nombre 4,207, qui, à son vocabulaire, lui indique la phrase citée plus haut. Bien entendu que S a répondu à chaque signal de T par l'*attention,* pour faire connaître qu'il a compris.

Maintenant, supposons qu'avant de signaler le nombre 4,207, T eût fait le signal $\substack{V \\ B \\ R}$, il aurait indiqué par là que le numéro d'ordre 4,207 se rapportait aux degrés et minutes de la colonne de gauche du vocabulaire qui lui correspondent, et exprime : *Longitude observée par chronomètre,* 70° 7′. Si, au contraire, $\substack{V \\ B \\ R}$ avait été hissé après le nombre 4,207, T aurait exprimé 70° 7′ de longitude estimée.

Si, après avoir signalé le chiffre 4, **T** avait hissé le signal des heures :

B | V | R , puis ensuite le nombre 207, il aurait indiqué 4 heures 207 secondes,

[ou 4ʰ 3′ 27ᵛ.

Si, après avoir signalé le nombre 420, **T** avait hissé le signal des mètres :

B | R | V , puis ensuite le chiffre 7, il aurait indiqué 420 mètres 7 centimètres.

Si, après avoir signalé le nombre 420, **T** avait hissé le signal des milles

marins : R | V | B , puis ensuite le chiffre 7, il aurait indiqué 420 milles marins

7 dixièmes.

Si, après avoir signalé le nombre 4,207, **T** avait hissé le signal des

nombres entiers : V | R | B , il aurait indiqué le nombre 4,207 purement numé-

rique ; s'il avait hissé ce même signal *avant* de signaler le nombre 4,207,
T aurait indiqué la fraction décimale 0,4207 dix millièmes.

Si enfin **T** hissait le feu *vert* après avoir signalé le numéro d'ordre
4,207, il indiquerait : *J'ai fini de faire des signaux.*

Comme on le voit, avec ces signaux de nuit, on a absolument les mêmes
ressources qu'avec les signaux de jour.

Signaux de nuit par cinq fanaux incolores.

Si nous représentons les fanaux par le signe ʌ, et le grand intervalle
de 3 mètres par le trait vertical |, nous obtiendrons les dix chiffres de la
numération de la manière suivante :

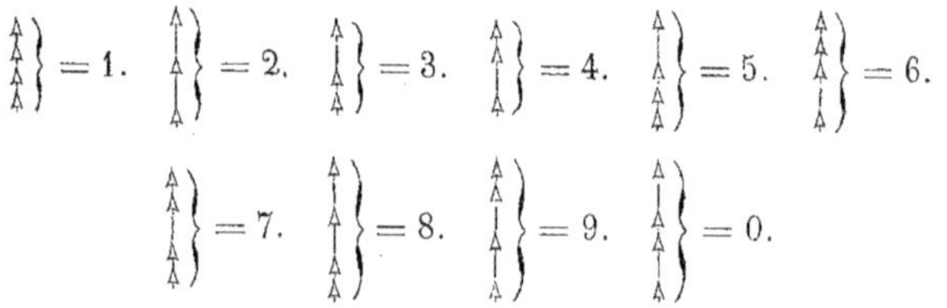

$$= 1. \quad = 2. \quad = 3. \quad = 4. \quad = 5. \quad = 6.$$

$$= 7. \quad = 8. \quad = 9. \quad = 0.$$

Comme aux signaux par trois fanaux de couleur, il n'y a pas ici de
signaux auxiliaires des nombres.

Le signal d'*attention* avant et pendant les signaux sera représenté par ʌ|ʌ ;

le signal d'*attention* quand on a fini les signaux sera représenté par ʌ|ʌ .

Le signal des *latitudes* sera représenté par ʌ|ʌ ; celui des *longitudes* par ʌ|ʌ

Le signal des *heures* sera représenté par ⇡ ; celui des *mètres* par ⇡ ;

celui des *milles marins* par ⇡ .

Le signal des *nombres entiers* et des *fractions décimales* sera représenté

par ⇡ .

Tous ces signaux ayant absolument le même emploi que ceux par trois feux de couleur, tout ce que j'ai dit au sujet de ces derniers est applicable aux signaux par cinq feux incolores.

Seulement, je ferai remarquer qu'ici les signaux représentant les dix chiffres de la numération n'ont jamais plus de quatre feux ; que les signaux d'*attention* n'ont jamais plus de trois feux, et que ceux des latitudes, longitudes, heures, mètres, milles marins, nombres entiers et fractions décimales, n'ont jamais moins de cinq feux. Toutes ces combinaisons faciliteront la reconnaissance des signaux et aideront à éviter les erreurs.

Des Signaux acoustiques ou de brume.

Il n'y a que les moyens acoustiques qui puissent être employés en temps de brume pour les communications à la mer. Plus la distance qui sépare les interlocuteurs est grande, plus les moyens acoustiques doivent avoir de puissance.

La moindre puissance qu'on ait à sa disposition à bord des navires est le son de la cloche, et la plus grande connue jusqu'ici est celle du canon. Peut-être un jour les navires à vapeur auront-ils un sifflet installé comme celui des locomotives des chemins de fer, porté à une puissance dépassant celle du canon ; peut-être un jour trouvera-t-on le moyen d'adapter aux cuisines distillatoires dont sont munis la plupart des navires, un sifflet dont la puissance suffira aux signaux de brume ; peut-être enfin trouvera-t-on une machine à air comprimé ayant un sifflet propre aux signaux de brume, et d'un prix assez modéré pour que chaque navire puisse en être pourvu.

Mais en attendant, je suis forcé de me borner à indiquer les moyens qu'on a actuellement à sa disposition ; le point important est de s'en servir le plus avantageusement possible. La méthode que je donne ici me parait atteindre le but autant que le permet ce genre de signaux ; bien entendu qu'elle est applicable à toutes les puissances de sons connues ou qui pourront être imaginées ; il n'y a que la distance de laquelle on correspondrait qui pourrait varier et s'agrandir.

Mon système de signaux de brume, comme celui par les pavillons, ballons ou fanaux, est basé sur les dix chiffres de la numération, et applicable à tous les numéros d'ordre de mon Code de signaux, en sorte qu'on a les mêmes ressources qu'avec les signaux de jour.

Les sons, quels qu'ils soient, coups de canon, de cloche, etc., seront réglés entre eux par coups *consécutifs* et coups *espacés ;* l'intervalle entre deux coups consécutifs sera d'environ 2 secondes, et l'intervalle entre les coups espacés, d'environ 5 secondes. Dans des expériences qui ont été faites, ces espaces ont paru très-convenables, puisqu'ils ont une différence suffisante entre eux pour qu'on ne puisse pas les confondre, et qu'ils permettent d'exprimer le numéro d'ordre le plus long de mon vocabulaire en 50 secondes. Du reste, ils sont facultatifs et pourront être augmentés si on le juge convenable, pourvu qu'on ne puisse pas les confondre l'un avec l'autre.

Ces signaux peuvent être faits si rapidement, qu'il faudrait, si on parvenait à faire un instrument portant les sons aussi loin que la vue, les préférer à toute autre méthode de communication, la télégraphie électrique exceptée.

Si nous représentons par le signe ○ les coups de canon, de cloche, etc., l'intervalle de 2 secondes par le signe —, et celui de 5 secondes par le signe +, nous aurons les combinaisons suivantes pour les dix chiffres de la numération :

```
       1                 2              3
 ○—○—○—○        ○+○+○       ○+○—○

   4              5                6                7
○—○+○     ○+○—○—○     ○—○—○+○     ○—○+○—○

      8              9              0
 ○+○+○—○      ○—○+○+○      ○+○—○+○
```

Les signaux de brume, comme les signaux de nuit, n'ont pas de signes auxiliaires des nombres, puisque les chiffres composant un nombre se signalent les uns après les autres.

Voici la combinaison des signaux suivants :

```
   des latitudes :          des longitudes :          des heures :
○+○—○—○—○      ○—○—○—○+○      ○—○+○—○—○

   des mètres :            des milles marins :    des nombres entiers et fractions
                                                            décimales :
○—○—○+○—○      ○—○+○+○—○      ○—○—○+○+○
```

L'*attention* avant et pendant les signaux sera représentée par ○ ○, et l'*attention* pour indiquer qu'on a fini les signaux sera représentée par ○ ○ ○.

Je ferai observer ici qu'il est important que l'intervalle entre l'un des signaux d'*attention* et un signal quelconque (que ce signal soit exprimé avant ou après l'*attention)* doit être au moins de 10 secondes, et pour éviter toute erreur, les coups des *attentions* devront être frappés rapidement, c'est-à-dire avec le moindre intervalle possible.

Il est facile de voir que mes signaux de brume par les sons ont absolument la même combinaison que les signaux de nuit par cinq feux incolores, indiqués plus haut; les feux sont seulement remplacés par les coups de cloche, de canon, de sifflet, etc. Quant à la manière d'exprimer les numéros d'ordre et les autres éléments de mon Code par les signaux de brume, elle est exactement la même que celle indiquée pour les signaux de nuit par trois feux de couleur ou cinq feux incolores; il est donc inutile de la répéter ici.

Les remarques faites pour les signaux de nuit par cinq feux sont applicables aux signaux de brume, avec cette seule différence, que je conseille, pour ces derniers, de produire l'*attention* ○ ○, non-seulement pour indiquer qu'un nombre est complet, mais même après chaque chiffre composant un nombre : c'est le seul moyen d'éviter les erreurs.

Quant à la manière d'apprécier les intervalles entre les sons, il n'est nullement nécessaire d'être muni d'une montre à secondes; il suffira de compter, par la pensée et sans se presser, un, deux, trois, etc., pour obtenir ces intervalles suffisamment exacts.

Maintenant voici des exemples de ce genre de signaux de brume :

Supposons que D veuille, en temps de brume, signaler à **P** : *Quelle est la direction du courant?* phrase qui porte au vocabulaire (voir tableau n° 1) le n° 6,678; **D** produira d'abord l'*attention* ○ ○, exprimant : *Faites attention, je vais faire des signaux de brume par le système Cathérineau.* — **P** répond par l'*attention* ○ ○ : *J'ai compris le signal.* — **D** signale ○—○—○+○ pour le chiffre 6, puis produit l'*attention* ○ ○; **P** répond par l'*attention* ○ ○; **D** signale un autre 6 en répétant ○—○—○+○, puis produit l'*attention* ○ ○; **P** répond par l'*attention* ○ ○; **D** signale le chiffre 7 par ○—○+○—○, puis produit l'*attention* ○ ○; **P** répond par l'*attention* ○ ○; **D** signale le chiffre 8 par ○+○+○—○, puis produit l'*attention* ○ ○; **P** répond par l'*attention* ○ ○. Si P a eu soin d'écrire les chiffres signalés par **D** à la suite les uns des autres, il aura bien le nombre 6,678, et s'il cherche à son vocabulaire (tableau n° 1), il trouvera bien la phrase dont il est question correspondant à ce numéro d'ordre.

La même marche doit être suivie dans tous les cas possibles.

Je ferai remarquer ici que les dix chiffres de la numération n'ont jamais moins de trois coups, et jamais plus de quatre ; que les signes distinctifs des heures, mètres, milles marins, nombres entiers et fractions décimales, n'ont jamais moins de cinq coups ; qu'un coup seul n'est jamais employé dans ces signaux, afin de ne pas le confondre avec un bruit quelconque ; enfin, que deux et trois coups frappés rapidement sont exclusivement réservés pour les *attentions*, afin de les bien distinguer de tout autre signal. Avec toutes ces précautions et en portant un peu d'attention, je ne crois pas les erreurs possibles.

TABLEAU Nº I.

Extrait du Vocabulaire français.

Nota. Les lettres q. v. s. signifient *qu'on va signaler*. Le trait qui précède les mots indique que le sens dans lequel ils doivent être pris est noté à leur suite, entre deux parenthèses, et que tous les mots ou phrases qui suivent et qui ne sont pas précédés de ce trait doivent être pris dans le même sens. Les renvois aux synonymes sont notés dans la même parenthèse précédés d'un V, qui veut dire *voir*, et imprimés en lettres italiques.

Degrés et minutes de latitude ou de longitude		Nºs d'ordre français.	MOTS ET PHRASES EN FRANÇAIS.
69°	34'	4,474	— CHASSE (poursuite du gibier).
»	35'	4,175	Voulez-vous que nous allions à la chasse?
»	36'	4,176	Impossible d'aller à la chasse.
»	37'	4,177	— CHASSE (marche des nuages. V. *nuage.*)
»	38'	4,178	La chasse des nuages annonce le vent q. v. s.
»	39'	4,179	— CHASSE (navire entraînant ses ancres. V. *chasser.*)
»	40'	4,180	— CHASSE (poursuite d'un navire. V. *chasser.*)
»	41'	4,181	— CHASSE-MARÉE (genre de caboteur français).
»	42'	4,182	Le navire en vue est un chasse-marée.
»	43'	4,183	— CHASSER (renvoyer quelqu'un. V. *renvoyer, exclure.*)
»	44'	4,184	A été chassé honteusement.
»	45'	4,185	— CHASSER (poursuite ou fuite d'un navire. V. *fuir, poursuivre.*)
»	46'	4,186	Par quel navire avez-vous été chassé?
»	47'	4,187	CHASSÉ par....
»	48'	4,188	J'ai été chassé par le navire q. v. s.
»	49'	4,189	J'ai été chassé par un corsaire. (V. *corsaire.*)
»	50'	4,190	Nous avons été chassés par un corsaire au lieu q. v. s.
»	51'	4,191	Nous sommes chassés par plusieurs navires.
»	52'	4,192	Nous avons été chassés par plusieurs navires.
»	53'	4,193	EN CHASSE.
»	54'	4,194	Connaissez-vous la nation du navire qui nous chasse?
»	55'	4,195	Le navire qui nous chasse est de la nation q. v. s.
»	56'	4,196	Le navire qui nous chasse est de nation amie.
»	57'	4,197	Le navire qui nous chasse est de nation ennemie.
»	58'	4,198	DONNER CHASSE.
»	59'	4,199	Devons-nous donner chasse?
70°	0'	4,200	Ne donnez pas la chasse à ce navire ou à celui q. v. s.
»	1'	4,201	Donnez la chasse au navire à l'air de vent q. v. s.
»	2'	4,202	Je vais donner la chasse à ce navire.
»	3'	4,203	PRENDRE CHASSE.
»	4'	4,204	Pouvons-nous prendre chasse?
»	5'	4,205	Evitez de prendre chasse.
»	6'	4,206	Prenez chasse en gouvernant à l'air de vent q. v. s.
»	7'	4,207	Prenez chasse au mieux de votre sûreté.
»	8'	4,208	Nous allons prendre chasse en gouvernant à l'air de vent. q. v. s.
»	9'	4,209	ABANDONNER LA CHASSE.
»	10'	4,210	Pouvons-nous abandonner la chasse?
»	11'	4,211	N'abandonnez pas la chasse.
»	12'	4,212	A abandonné la chasse.
»	13'	4,213	ORDRE DE CHASSE. (V. *ordre.*)
»	14'	4,214	— RIS DE CHASSE. (V. *ris.*)
»	15'	4,215	— CHASSER (navire entraînant ses ancres. V. *dériver, dérader, ancre.*)

Suite du Tableau N° I.

Degrés et minutes de latitude ou de longitude.	Nos d'ordre français.	NOMS ET PHRASES EN FRANÇAIS.
70° 16'	4,216	Chassez-vous sur vos ancres ?
» 17'	4,217	Nous chassons sur nos ancres.
» 18'	4,218	Nous chassons, nous allons appareiller.
» 19'	4,219	Vous chassez, mouillez une autre ancre.
» 20'	4,220	Vous chassez sur vos ancres.
» 21'	4,221	Je crains de chasser sur mes ancres.
» 22'	4,222	Nous ne chassons pas sur nos ancres.
» 23'	4,223	Si vous ne chassez pas sur vos ancres.
» 24'	4,224	Si vous chassez sur vos ancres.
» 25'	4,225	Si vous chassez, appareillez de suite.
» 26'	4,226	Le navire à l'air de vent q. v. s. chasse sur ses ancres.
» 27'	4,227	Tenez un plomb de sonde pour vous assurer que vous ne chassez [pas.
» 28'	4,228	A chassé sur ses ancres.
» 29'	4,229	A chassé sur les dangers. (V. *danger, roche*.)
111° 11'	6,671	— COURANT, E (qui court. V. *courir, manœuvre, cape*.)
» 12'	6,672	— COURANT (parlant d'un navire qui fait route. (V. *route, gouverner, amure, terre, large*.)
» 13'	6,673	— COURANT, E (espace de temps qui s'écoule. V. *jour, semaine, mois, année*.)
» 14'	6,674	— COURANT, E (qui a cours. V. *prix, monnaie, bruit*.)
» 15'	6,675	— COURANT (mouvement des eaux. V. *marée*.)
» 16'	6,676	Courant de flot. (V. *flot*.)
» 17'	6,677	Courant de jusan. (V. *jusan*.)
» 18'	6,678	Quelle est la direction du courant ?
» 19'	6,679	Les courants portent à l'air de vent q. v. s.
» 20'	6,680	Je ne connais pas la direction des courants.
» 21'	6,681	Les courants portent à terre.
» 22'	6,682	Les courants portent au large.
» 23'	6,683	Défiez-vous, les courants portent sur le point q. v. s.
» 24'	6,684	Quels courants avez-vous rencontrés ?
» 25'	6,685	J'ai rencontré des courants portant au....
» 26'	6,686	Je n'ai pas rencontré de courants.
» 27'	6,687	Quelle est la force du courant en nœuds ?
» 28'	6,688	La force du courant est du nombre de nœuds q. v. s.
» 29'	6,689	Je ne connais pas la force des courants.
» 30'	6,690	Il y a des courants très-violents.
» 31'	6,691	Il n'y a pas de courant.
» 32'	6,692	REFOULER LE COURANT. (V. *refouler*.)
» 33'	6,693	Pensez-vous refouler le courant ?
» 34'	6,694	Ne peut refouler le courant.
» 35'	6,695	Refoule bien le courant.
» 36'	6,696	CONTRE COURANT. (V. *contre, contraire*.)
» 37'	6,697	Avec le courant favorable.
» 38'	6,698	Drossé par le courant. (V. *drossé, entraîné*.)
» 39'	6,699	En travers au courant. (V. *travers*.)
» 40'	6,700	Venez en travers au courant.
» 41'	6,701	Éviter de venir en travers au courant.
» 42'	6,702	LIT DE COURANT. (V. *lit*.)
» 43'	6,703	Dans le lit du courant.
» 44'	6,704	Hors du lit du courant.

TABLEAU N° II.

Extrait du Vocabulaire anglais, pour faire des signaux avec les tables de traduction de la 1ʳᵉ et de la 2ᵉ méthode.

NOTA. Les lettres t. b. s. signifient *qu'on va signaler*. Le trait qui précède les mots indique que le sens dans lequel ils doivent être pris est noté à leur suite entre deux parenthèses, et que tous les mots et phrases qui suivent et qui ne sont pas précédés de ce trait doivent être pris dans le même sens. Les renvois aux synonymes sont notés dans la même parenthèse, mais en lettres italiques et précédés d'un S, qui veut dire *see* (voir). — Pour les signaux du point, voir au Tableau N° III.

Degrés et minutes de latitude ou de longitude	Nos d'ordre anglais.	MOTS ET PHRASES EN ANGLAIS.	Nos d'ordre types.
69° 45'	4,185	— CHASE (flying scud, alluding to clouds.)	4,177
» 46'	4,186	The flying scud indicated the wind t. b. s.	4,178
» 47'	4,187	— CHASE (the pursuit of a ship. S. *to chase.*)	4,180
» 48'	4,188	— TO CHASE (to pursue a ship. S. *pursue.*)	4,185
» 49'	4,189	By what ship were you chased?	4,186
» 50'	4,190	Chased by.	4,187
» 51'	4,191	I have been chased by the ship t. b. s.	4,188
» 52'	4,192	I have been chased by a privateer. (S. *privateer.*)	4,189
» 53'	4,193	We have been chased by a privateer from t. b. s.	4,190
» 54'	4,194	Severels ships are in chase of us.	4,191
» 55'	4,195	We have been chased by severels ships.	4,192
» 56'	4,196	In chase.	4,193
» 57'	4,197	Do you know the nation of the ship chasing us?	4,194
» 58'	4,198	Ship chasing us is of the nation t. b. s.	4,195
» 59'	4,199	The ship in chase belongs to a friendly nation.	4,196
70° 0'	4,200	The ship in chase is an ennemy.	4,197
» 1'	4,201	To give chase.	4,198
» 2'	4,202	Are we to give chase?	4,199
» 3'	4,203	Do not give chase to that ship or the one t. b. s.	4,200
» 4'	4,204	Give chase to the ship bearing t. b. s.	4,201
» 5'	4,205	I am going to give chase to the ship.	4,202
» 6'	4,206	Take chase.	4,203
» 7'	4,207	Can we take chase?	4,204
» 8'	4,208	Avoid taking chase.	4,205
» 9'	4,209	Take chase steering to the point t. b. s.	4,206
» 10'	4,210	Take chase as most safe for you.	4,207
» 11'	4,211	We are going to take chase steering to wards the point	4,208
» 12'	4,212	Abandon the chase. [t. b. s.	4,209
» 13'	4,213	Can we leave off chasing?	4,210
» 14'	4,214	Do not leave off chasing?	4,211
» 15'	4,215	Has left off chasing.	4,212
» 16'	4,216	Order of chase. (S. *order.*)	4,213
....	......	....	.....
111° 11'	6,674	....	.....
....	......	....	.....
111° 18'	6,678	— CURRENT (currency. S. *money, prices, reports.*)	6,674
» 19'	6,679	— CURRENT (motion of waters. (S. *tide.*)	6,675
» 20'	6,680	Current (or flood tide. S. *flood tide.*)	6,676
» 21'	6,681	Current (or ebb tide. S. *ebb tide.*)	6,677
» 22'	6,682	What is the direction of the current?	6,678
» 23'	6,683	Current sets per compas t. b. s.	6,679
» 24'	6,684	I don't know the direction of the currents.	6,680
» 25'	6,685	The currents sets on shore.	6,681
» 26'	6,686	The currents sets off shore.	6,682
» 27'	6,687	Beware, the currents sets in the direction t. b. s.	6,683
» 28'	6,688	What currents have you met?	6,684

Suite du Tableau Nº II.

Degrés et minutes de latitude ou de longitude	Nᵒˢ d'ordre anglais.	MOTS ET PHRASES EN ANGLAIS.	Nᵒˢ d'ordre types.
141° 29'	6,689	I met with currents setting to.	6,685
» 30'	6,690	I did not fall in with any currents.	6,686
» 31'	6,691	What is the strength of the current in knots?	6,687
» 32'	6,692	The force or strength of the current is knots t. b. s.	6,688
» 33'	6,693	I don't know the force of the current.	6,689
» 34'	6,694	There are violent or strong currents.	6,690
» 35'	6,695	There is no current.	6,691
» 36'	6,696	To stem the current or tide. (S. *to stem.*)	6,692
» 37'	6,697	Can you stem the current?	6,693
» 38'	6,698	Can't stem the current.	6,694
» 39'	6,699	Stems the current well.	6,695
» 40'	6,700	Against the current or tide. (S. *against, contrary.*)	6,696
» 41'	6,701	With the current, or tide.	6,697
» 42'	6,702	Drifted by the current. (S *drift, to carry, away.*)	6,698
» 43'	6'703	Athwart the current. (S. *athwart.*)	6,699
» 44'	6,704	Take the current athwart.	6,700
» 45'	6,705	Don't come athwart the current.	6,701
» 46'	6,706	Tide ripple. (S. *direction.*)	6,702
» 47'	6,707	In the tide way.	6,703
» 48'	6,708	Out of the tide way.	6,704
175° 16'	10,516	— DRAGGING (ship dragging her anchor. S. *to drag.*)	4,179
» 17'	10,517	— TO DRAG (to drift, to drag the anchor. S. *to part,*	4,215
» 18'	10,518	Are you dragging, your anchors?　　[*to drive, anchor.*)	4,216
» 19'	10,519	We are dragging our anchors.	4,217
» 20'	10,520	We are driving, we are going to set sail.	4,218
» 21'	10,521	You are driving, let go another anchor.	4,219
» 22'	10,522	You are dragging your anchors.	4,220
» 23'	10,523	I am fearful of dragging my anchors.	4,221
» 24'	10,524	We are not dragging our anchors.	4,222
» 25'	10,525	If you don't drag your anchor.	4,223
» 26'	10,526	If you drag your anchor.	4,224
» 27'	10,527	If you are drinving sett instantly sail.	4,225
» 28'	10,528	The ship bearing t. b. s. is dragging her anchors.	4,226
» 29'	10,529	Heave the lead to ascertain that you are not driving.	4,227
» 30'	10,530	Has dragged from her anchors.	4,228
» 31'	10,531	Has drifted in danger. (S. *dangers, rock.*)	4,229
»	15,234	— HUNTING, (game sports).	4,174
»	15,235	Will you go hunting?	4,175
»	15,236	It is not possible to go hunting.	4,176
»	17,400	— LUGGER (french coaster).	4,181
»	17,401	The sail in sight is a lugger.	4,182
»	22,222	— PRESENT (or instant. S. *day, week, month, year.*)	6,673
»	27,342	— RUNNING (course. S. *to run, rigging, hove-to.*)	6,671
»	28,007	— SAILING (ship underway. S. *course, steering, tack,* [*shore, offing.*)	6,672
»	31,433	— THE SINGLE REEF. (S. *reef.*)	4,214
»	32,510	— TO TURN AWAY (anyone. S. *to sendaway, to exclude.*)	4,183
»	32,511	Has been shame fully turned away.	5,184

TABLEAU N° III.

Extrait du Vocabulaire anglais, pour faire des signaux d'après la 3ᵉ méthode, sans la table de traduction.

Nota. Les lettres t. b. s. signifient *qu'on va signaler*. Le trait qui précède les mots indique que le sens dans lequel ils doivent être pris est noté à leur suite entre deux parenthèses, et que tous les mots et phrases qui suivent et qui ne sont pas précédés de ce trait doivent être pris dans le même sens. Les renvois aux synonymes sont notés dans la même parenthèse, mais en lettres italiques et précédés d'un S, qui veut dire *see* (voir). — Dans cet Extrait, les signaux du point ne peuvent être faits que dans les limites du Tableau N° 1.

Degrés et minutes de latitude ou de longitude		Nᵒˢ d'ordre anglais.	MOTS ET PHRASES EN ANGLAIS.	Nᵒˢ d'ordre types.	Nᵒˢ d'ordre anglais correspondant aux Nᵒˢ d'ordre types.
69°	34'	4,174	....	.....	15,234
»	35'	4,175	....	.....	15,235
»	36'	4,176	....	.....	15,236
»	37'	4,177	....	.....	4,185
»	38'	4,178	....	.....	4,186
»	39'	4,179	....	.....	10,516
»	40'	4,180	....	.....	4,187
»	41'	4,181	....	.....	17,400
»	42'	4,182	....	.....	17,401
»	43'	4,183	....	.....	32,510
»	44'	4,184	....	.....	32,511
»	45'	4,185	— CHASE (flying scud, alluding to clouds. S. *clouds.*)	4,177	4,188
»	46'	4,186	The flying scud indicated the winds t. b. s.	4,178	4,189
»	47'	4,187	— CHASE (the pursuit of a ship. S. *to chase.*)	4,180	4,190
»	48'	4,188	— TO CHASE (to pursue a ship. S. *pursue.*)	4,185	4,191
»	49'	4,189	By what ship were you chased?	4,186	4,192
»	50'	4,190	Chased by.	4,187	4,193
»	51'	4,191	I have been chased by the ship t. b. s.	4,188	4,194
»	52'	4,192	I have been chased by a privateer. (S. *privateer.*)	4,189	4,195
»	53'	4,193	We have been chased by a privateer from t. b. s.	4,190	4,196
»	54'	4,194	Severels ships are in chase of us.	4,191	4,197
»	55'	4,195	We have been chased by severels ships.	4,192	4,198
»	56'	4,196	In chase.	4,193	4,199
»	57'	4,197	Do you know the nation of the ship chasing us?	4,194	4,200
»	58'	4,198	Ship chasing us is of the nation t. b. s.	4,195	4,201
»	59'	4,199	The ship in chase belongs to a friandely nation.	4,196	4,202
70°	0'	4,200	The ship in chase is an ennemy.	4,197	4,203
»	1'	4,201	To give chase.	4,198	4,204
»	2'	4,202	Are we to give chase?	4,199	4,205
»	3'	4,203	Do not give chase to that ship or the one t. b. s.	4,200	4,206
»	4'	4,204	Give chase to the ship bearing t. b. s.	4,201	4,207
»	5'	4,205	I am going to give chase to the ship.	4,202	4,208
»	6'	4,206	Take chase.	4,203	4,209
»	7'	4,207	Can we take chase?	4,204	4,210
»	8'	4,208	Avoid taking chase.	4,205	4,211
»	9'	4,209	Take chase steering to the point t. b. s.	4,206	4,212
»	10'	4,210	Take chase as most safe for you.	4,207	4,213
»	11'	4,211	We are going to take chase steering to wards the point [t. b. s.	4,208	4,214
»	12'	4,212	Abandon the chase.	4,209	4,215
»	13'	4,213	Can we leave off chasing?	4,210	4,216
»	14'	4,214	Do not leave off chasing.	4,211	31,433
»	15'	4,215	Has left off chasing.	4,212	10,517
»	16'	4,216	Order of chase. (S. *order.*)	4,213	10,518
»	17'	4,217	....	.....	10,519
»	18'	4,218	....	.....	10,520
»	19'	4,219	....	.....	10,521

Suite du Tableau N° III.

Degrés et minutes de latitude ou de longitude	Nos d'ordre anglais.	MOTS ET PHRASES EN ANGLAIS.	Nos d'ordre types.	Nos d'ordre anglais correspondant aux Nos d'ordre types.
70° 20'	4,220	....	.....	10,522
» 21'	4,221	....	.....	10,523
» 22'	4,222	....	.....	10,524
» 23'	4,223	....	.....	10,525
» 24'	4,224	....	.....	10,526
» 25'	4,225	....	.....	10,527
» 26'	4,226	....	.....	10,528
» 27'	4,227	....	.....	10,529
» 28'	4,228	....	.....	10,530
» 29'	4,229	....	.....	10,531
....	....	....	.....	......
111° 11'	6,671	....	.....	27,312
» 12'	6,672	....	.....	28,007
» 13'	6,673	....	.....	22,222
» 14'	6,674	....	.....	6,678
» 15'	6,675	....	.....	6,679
» 16'	6,676	....	.....	6,680
» 17'	6,677	....	.....	6,681
» 18'	6,678	— CURRENT (currency. S. *money, prices, reports.*)	6,674	6,682
» 19'	6,679	— CURRENT (motion of waters. S. *tide.*)	6,675	6,683
» 20'	6,680	Current (or flood tide. S. *flocd tide.*)	6,676	6,684
» 21'	6,681	Current (or ebb tide. S. *ebb tide.*)	6,677	6,685
» 22'	6,682	Wat is the direction of the current?	6,678	6,686
» 23'	6,683	Current set per compas t. b. s.	6,679	6,687
» 24'	6,684	I don't knoff the direction of the current.	6,680	6,688
» 25'	6,685	The current set on shore.	6,681	6,689
» 26'	6,686	The current set off shore.	6,682	6,690
» 27'	6.687	Beware, the currents sets in the direction t. b. s.	6,683	6,691
» 28'	6,688	What currents have you met?	6,684	6,692
» 29'	6,689	I met with currents setting to.	6,685	6,693
» 30'	6,690	I did not fall in with any currents.	6,686	6,694
» 31'	6,691	What is the strength of the current in knots?	6,687	6,695
» 32'	6,692	The force or strength of the current is knots t. b. s.	6,688	6,696
» 33'	6,693	I don't know the force of the current.	6,689	6,697
» 34'	6,694	There are violent or strong currents.	6,690	6,698
» 35'	6,695	There is no current.	6,691	6,699
» 36'	6,696	To stem the current or tide. (S. *to stem.*)	6,692	6,700
» 37'	6,697	Can you stem the current?	6,693	6,701
» 38'	6,698	Can't stem the current.	6,694	6,702
» 39'	6,699	Stems the current well.	6,695	6,703
» 40'	6,700	Against the current or tide. (S. *against, contrary.*)	6,696	6,704
» 41'	6,701	With the current, or tide.	6,697	6,705
» 42'	6,702	Drifted by the current. (S. *drift, to carry, away.*)	6,698	6,706
» 43'	6,703	Athwart the current. (S. *athward.*)	6,699	6,707
» 44'	6,704	Take the current athward.	6,700	6,708
» 45'	6,705	Don't come athward the current.	6,701	....
» 46'	6,706	Tide ripple. (S. *direction.*)	6,702	....
» 47'	6,707	In the tide way.	6,703	....
» 48'	6,708	Out of tide way.	6,704	....
....	....			
175° 16'	10,516	— DRAGGING (ship dragging her anchor. S. *to drag.*)	4,179	....
» 17'	10,517	— TO DRAG (to drift, to drag the anchor. S. *to part,*	4,215	....
» 18'	10,518	Are you dragging your anchors? [*to drive, anchor.*]	4,216	....
» 19'	10,519	We are dragging our anchors.	4,217	....
» 20'	10,520	We are driving, we are going to set sail.	4,218	....
» 21'	10,521	You are driving, let go another anchor.	4,219	....
» 22'	10,522	You are dragging your anchors.	4,220	....

Suite du Tableau N° III.

Degrés et minutes de latitude ou de longitude	Nos d'ordre anglais.	MOTS ET PHRASES EN ANGLAIS.	Nos d'ordre types.	Nos d'ordre anglais correspondant aux Nos d'ordre types.
175° 23'	10,523	I am fearful of dragging my anchors.	4,221	....
» 24'	10,524	We are not dragging our anchors.	4,222	....
» 25'	10,525	If you don't drag your anchors.	4,223	....
» 26'	10,526	If you drag your anchors.	4,224	....
» 27'	10,527	If you are driving set instantly sail.	4,225	....
» 28'	10,528	The ship bearing t. b. s. is dragging her anchors.	4,226	....
» 29'	10,529	Heave the lead to ascertain that you are not driving.	4,227	....
» 30'	10,530	Has dragged from her anchors.	4,228	....
» 31'	10,531	Has drifted in danger. (S. *dangers, rock.*)	4,229	....
»	15,234	— HUNTING, (game sports).	4,174	....
»	15,235	Will you go hunting?	4,175	....
»	15.236	It is not possible to go hunting.	4,176	....
»	17,400	LUGGER (franch coaster).	4,181	....
»	17,401	The sail in sight is a lugger	4,182	....
»	22,222	— PRESENT (or instant. S. *day, week, month, year.*)	6,673	....
»	27,312	— RUNNING (course. S. *to run, rigging, hove-to.*)	6,671	.. ..
»	28,007	— SAILLING (ship underway. S. *course, steering, tack, shore, offing.*)	6,672	....
»	31,433	— THE SINGLE REEF. (S. *reef.*)	4,214	....
»	32,510	— TO TURN AWAY (anyone. S. *to sendaway, to exclude.*)	4,183	....
»	32,511	Has been shame fully turned away.	4,184	....

TABLEAU N° IV.

Extrait du Vocabulaire espagnol, pour faire des signaux à l'aide des tables de traduction de la 1ʳᵉ et de la 2ᵉ méthode.

NOTA. Les lettres q. v. d. signifient *qu'on va signaler.* Le trait qui précède les mots indique que le sens dans lequel ils doivent être pris est noté à leur suite entre deux parenthèses, et que tous les mots et phrases qui suivent et qui ne sont pas précédés de ce trait doivent être pris dans le même sens. Les renvois aux synonymes sont notés dans la même parenthèse, mais en lettres italiques et précédés d'un V, qui veut dire *véasé* (voir).— Pour les signaux du point, voir au Tableau N° V.

Degrés et minutes de latitude ou de longitude		Nos d'ordre espagnols.	MOTS ET PHRASES EN ESPAGNOL.	Nos d'ordre types.
69°	44'	4,184	— CAZA (perseguir la caza.)	4,174
»	45'	4,185	Quiere Vd. que vaigamos á cazar?	4,175
»	46'	4,186	Imposible de ir á cazar.	4,176
»	47'	4,187	— CAZA (andar de las nubes. V. *nubes.*)	4,177
»	48'	4,188	La caza de las nubes anuncia el viento q. v. d.	4,178
»	49'	4,189	— CAZA (perseguir un buque. V. *perseguir.*)	4,180
»	50'	4,190	— CAZAR (perseguir un buque. V. *huir.*)	4,185
»	51'	4,191	Por qué buque ha sido Vd. cazado?	4,186
»	52'	4,192	Cazado por....	4,187
»	53'	4,193	He sido cazado por el buque q. v. d.	4,188
»	54'	4,194	He sido cazado por un corsario. (V. *corsario.*)	4,189
»	55'	4,195	Hemos sido cazados por un corsario en el punto q. v. d.	4,190
»	56'	4,196	Somos cazados por varios buques.	4,191
»	57'	4,197	Hemos sido cazados por varios buques.	4,192
»	58'	4,198	En caza.	4,193
»	59'	4,199	Conoce Vd. la bandera del buque que nos caza ?	4,194
70°	0'	4,200	El buque que nos caza pertenece á la nacion q. v. d.	4,195
»	1'	4,201	El buque que nos caza pertenece á una nacion amiga.	4,196
»	2'	4,202	El buque que nos caza pertenece á una nacion enemiga.	4,197
»	3'	4,203	Dar caza	4,198
»	4'	4,204	Debemos dar caza?	4,199
»	5'	4,205	No dé Vd. caza á ese buque, ó al q. v. d.	4,200
»	6'	4.206	Dé Vd. caza al buque que se halla en el rumbo q. v. d.	4,201
»	7'	4,207	Voy á dar caza á ese buque.	4,202
»	8'	4,208	Ponerse en caza.	4,203
»	9'	4,209	Podemos tomar caza?	4,204
»	10'	4,210	Evitar tomar caza.	4,205
»	11'	4,211	Tome Vd. caza gobernando en el rumbo q. v. d.	4,206
»	12'	4,212	Huya Vd. para salverse.	4,207
»	13'	4,213	Vamos tomar caza gobernando en el rumb q. v. d.	4,208
»	14'	4,214	Abandonar la caza.	4,209
»	15'	4,215	Podemos abandonar la caza?	4,210
»	16'	4,216	No abandone Vd. la caza.	4,211
»	17'	4,217	Ha abandonado la caza.	4,212
»	18'	4,218	Orden de caza. (V. *órden.*)	4,213
»	19'	4,219	— RIZO DE CAZA. (V. *rizo.*)	4,214
. . . . .	. . .	. . . . .	. . . .	. . . . .
111°	3'	6,663	— CORRIENDO (que corre. V. *correr, maniobra, capa.*)	6,671
»	4'	6,664	— CORRIENDO (hablando de un buque que hace un rumbo. V. [*camino, gobernar, amura, tierra, afuera.*)	6,672
»	5'	6,665	— CORRIENTE (que tiene curso. V. *precio, moneda, ruido.*)	6,674
»	6'	6,666	— CORRIENTE (el movimiento de las aguas).	6,675
»	7'	6,667	Corriente de flujo. (V. *flujo, creciente.*)	6,676
»	8'	6,668	Corriente de reflujo. (V. *reflujo, bajada, marea.*)	6,677
»	9'	6,669	Cual es la direccion de las corrientes?	6,678
»	10'	6,670	Las corrientes cargan en la direccion q. v. d.	6,679

Suite du Tableau N° IV.

Degrés et minutes de latitude ou de longitude	Nos d'ordre types.	MOTS ET PHRASES EN ESPAGNOL.	Nos d'ordre espagnols.
111° 11'	6,671	No conosco la direccion de las corrientes.	6,680
» 12'	6,672	Las corrientes cargan á tierra.	6,681
» 13'	6,673	Las corrientes cargan para afuera.	6,682
» 14'	6,674	No se fie Vd., las corrientes llevan hácia el punto q. v. d.	6,683
» 15'	6,675	Qué corriente ha hallado Vd?	6,684
» 16'	6,676	He hallado corrientes cargando hácia....	6,685
» 17'	6,677	No he hallado corrientes.	6,686
» 18'	6,678	Qué fuerza tiene la corriente en nudos?	6,687
» 19'	6,679	La fuerza de la corriente es del número de nudos q. v. d.	6,688
» 20'	6,680	Ignoro la fuerza de las corrientes.	6,689
» 21'	6,681	Hay corrientes muy fuertes.	6,690
» 22'	6,682	No hay corrientes.	6,691
» 23'	6,683	Ir contra corriente. (V. *ir*.)	6,692
» 24'	6,684	Puede Vd. ir contra corriente?	6,693
» 25'	6,685	No puedo ir contra corriente.	6,694
» 26'	6,686	Va bien contra corriente.	6,695
» 27'	6,687	Contra corriente. (V. *contra, contraria.*)	6,696
» 28'	6,688	Con la corriente.	6,697
» 29'	6,689	Arrastrado por la corriente. (V. *arrastrado.*)	6,698
» 30'	6,690	Atravezado à la corriente. (V. *atravezado.*)	6,699
» 31'	6,691	Póngase atravezado á la corriente.	6,700
» 32'	6,692	Evitar atravezarse á la corriente.	6,701
» 33'	6,693	Cama de corriente.	6,702
» 34'	6,694	En la cama de la corriente.	6,703
» 35'	6,695	Fuera la cama de la corriente.	6,704
. . . . . .	. . . . .		. . . .
178° 50'	10,730	— ECHAR fuera. (V. *echar.*)	4,183
» 51'	10,731	Fué echado vergonzosamente.	4,184
. . . . . .	. . . . .		. . . .
»	15,234	— GARRAR (arastrar las anclas.)	4,179
»	15,235	Garrar (buque arrastrando sus anclas.V. *anclas, rada, derivar.*)	4,215
»	15,236	Garra Vd. sobre sus anclas ?	4,216
»	15,237	Garramos sobre nuestras anclas.	4,217
»	15,238	Garramos, vamos á aparejar (izar velas).	4,218
»	15,239	Vd. garra, fondee Vd. otra ancla.	4,219
»	15,240	Garra Vd. sobre sus anclas.	4,220
»	15,241	Temo de garrar sobre mis anclas.	4,221
»	15,242	No garramos sobre nuestras anclas.	4,222
»	15,243	Si Vd. no garra sobre sus anclas.	4,223
»	15,244	Si Vd. garra sobre sus anclas.	4,224
»	15,245	Si Vd. garra, apareje Vd. inmediatamente.	4,225
»	15,246	El buque en el rumbo q. v. d. garra sobre sus anclas.	4,226
»	15,247	Tener un escandallo para asegurarse que no garra Vd.	4,227
»	15,248	Ha garrado sobre sus anclas	4,228
»	15,249	Ha garrado sobre los peligros. (V. *peligros, arrecifes.*)	4,229
. . . . . .	. . . . .		. . . .
»	27,654	— PRESENTE (tiempo que corre. V. *dia, semana, mes, año.*)	6,673
. . . . . .	. . . . .		. . . .
»	28,170	— QUECHEMARIN (buque de cabotage).	4,181
»	28,171	El buque que está en vista es un quechemarin.	4,182
. . . . . .	. . . . .		. . . .

TABLEAU N° V.

Extrait du Vocabulaire espagnol pour faire des signaux d'après la 3ᵉ méthode, sans table de traduction.

Nota. Les lettres q. v. d. signifient *qu'on va signaler* Le trait qui précède les mots indique que le sens dans lequel ils doivent être pris est noté à leur suite entre deux parenthèses, et que tous les mots et phrases qui suivent et qui ne sont pas précédés de ce trait doivent être pris dans le même sens. Les renvois aux synonymes sont notés dans la même parenthèse, mais en lettres italiques et précédés d'un V, qui veut dire *véasé* (voir). — Dans cet Extrait, les signaux du point ne peuvent être faits que dans les limites du Tableau N° 1.

Degrés et minutes de latitude ou de longitude	Nos d'ordre espagnols.	MOTS ET PHRASES EN ESPAGNOL.	Nos d'ordre types.	Nos d'ordre espagnols correspondant aux Nos d'ordre types.
69° 34'	4,174	....	.....	4,184
» 35'	4,175	....	.....	4,185
» 36'	4,176	....	.....	4,186
» 37'	4,177	....	.....	4,187
» 38'	4,178	....	.....	4,188
» 39'	4,179	....	.....	15,234
» 40'	4,180	....	.....	4,189
» 41'	4,181	....	.....	28,170
» 42'	4,182	....	.....	28,171
» 43'	4,183	....	.....	10,730
» 44'	4,184	— CAZA (perseguir la caza).	4,174	10,731
» 45'	4,185	Quiere Vd. que vaigamos á cazar?	4,175	4,190
» 46'	4,186	Imposible de ir á cazar.	4,176	4,191
» 47'	4,187	— CAZA (andar de las nubes. V. *nubes*).	4,177	4,192
» 48'	4,188	La caza de las nubes anuncia el viento q. v. d.	4,178	4,193
» 49'	4,189	— CAZA (perseguir un buque. V. *perseguir*).	4,180	4,194
» 50'	4,190	— CAZAR (perseguir un buque. V. *huir*.)	4,185	4,195
» 51'	4,191	Por qué buque ha sido Vd. cazado?	4,186	4,196
» 52'	4,192	Cazado por....	4,187	4,197
» 53'	4,193	He sido cazado por el buque q. v. d.	4,188	4,198
» 54'	4,194	He sido cazado por un corsario. (V. *corsario*.)	4,189	4,199
» 55'	4,195	Hemos sido cazados por un corsario en el punto q. v. d.	4,190	4,200
» 56'	4,196	Somos cazados por varios buques.	4,191	4,201
» 57'	4,197	Hemos sido cazados por varios buques.	4,192	4,202
» 58'	4,198	En caza.	4,193	4,203
» 59'	4,199	Conoce Vd. la bandera del buque que nos caza?	4,194	4,204
70° 0'	4,200	El buque que nos caza pertenece á la nacion q. v. d.	4,195	4,205
» 1'	4,201	El buque que nos caza pertenece á una nacion amiga.	4,196	4,206
» 2'	4,202	El buque que nos caza pertenece á una nacion enemiga.	4,197	4,207
» 3'	4,203	Dar caza.	4,198	4,208
» 4'	4,204	Debemos dar caza?	4,199	4,209
» 5'	4,205	No dé Vd. caza á ese buque, ó al q. v. d.	4,200	4,210
» 6'	4,206	Dé Vd. caza al buque que se halla en el rumbo q. v. d.	4,201	4,211
» 7'	4,207	Voy á dar caza á ese buque.	4,202	4,212
» 8'	4,208	Ponerse en caza.	4,203	4,213
» 9'	4,209	Podemos tomar caza?	4,204	4,214
» 10'	4,210	Evitar tomar caza.	4,205	4,215
» 11'	4,211	Tome Vd. caza gobernando en el rumbo q. v. d.	4,206	4,216
» 12'	4,212	Huya Vd. para salverse.	4,207	4,217
» 13'	4,213	Vamos tomar caza gobernando en el rumb° q. v. d.	4,208	4,218
» 14'	4,214	Abandonar la caza.	4,209	4,219
» 15'	4,215	Podemos abandonar la caza?	4,210	15,235
» 16'	4,216	No abandone Vd. la caza.	4,211	15,236
» 17'	4,217	Ha abandonado la caza.	4,212	15,237
» 18'	4,218	Orden de caza. (V. *órden.*)	4,213	15,238
» 19'	4,219	— RIZO DE CAZA. (V. *rizo.*)	4,214	15,239

Suite du Tableau Nº V.

Degrés et minutes de latitude ou de longitude	Nos d'ordre espagnols.	MOTS ET PHRASES EN ESPAGNOL.	Nos d'ordre types.	Nos d'ordre espagnols correspondant aux Nos d'ordre types.
70º 20'	4,220	....	»	15,240
» 21'	4,221	....	»	15,241
» 22'	4,222	....	»	15,242
» 23'	4,223	....	»	15,243
» 24'	4,224	....	»	15,244
» 25'	4,225	....	»	15,245
» 26'	4,226	....	»	15,246
» 27'	4,227	....	»	15,247
» 28'	4,228	\..	»	15,248
» 29'	4,229	....	»	15,249
......	......	....	»	......
141º 3'	6,663	— CORRIENDO (que corre. V. *correr, maniobra, capa.*)	6,671	»
» 4'	6,664	— CORRIENDO (hablando de un buque que hace un [rumbo. V. *camino, gobernar, amura, tierra, afuera.*)	6,672	»
» 5'	6,665	— CORRIENTE (que tiene curso. V. *précio, moneda,*	6,674	»
» 6'	6,666	— CORRIENTE (el movimiento de las aguas). [*ruido.*)	6,675	»
» 7'	6,667	Corriente de flujo. (V. *flujo, creciente.*)	6,676	»
» 8'	6,668	Corriente de reflujo. (V. *reflujo, bajada, marea.*)	6,677	»
» 9'	6,669	Cual es la direccion de las corrientes?	6,678	»
» 10'	6,670	Las corrientes cargan en la direccion q. v. d.	6,679	»
» 11'	6,671	No conosco la direccion de las corrientes.	6,680	6,663
» 12'	6,672	Las corrientes cargan á tierra.	6,681	6,664
» 13'	6,673	Las corrientes cargan para afuera.	6,682	27,654
» 14'	6,674	No se fie Vd., las corrientes llevan hácia el punto	6,683	6,665
» 15'	6,675	Qué corriento ha hallado Vd? [q. v. d.	6,684	6,666
» 16'	6,676	He hallado corrientes cargando hácia....	6,685	6,667
» 17'	6,677	No he hallado corriente.	6,686	6,668
» 18'	6,678	Qué fuerza tiene la corriente en nudos?	6,687	6,669
» 19'	6,679	La fuerza de la corriente es del número de nudos	6,688	6,670
» 20'	6,680	Ignoro la fuerza de las corrientes. [q. v. d.	6,689	6,671
» 21'	6,681	Hay corrientes muy fuertes.	6,690	6,672
» 22'	6,682	No hay corrientes.	6,691	6,673
» 23'	6,683	Ir contra corriente. (V. *ir.*)	6,692	6,674
» 24'	6,684	Puede Vd. ir contra corriente?	6,693	6,675
» 25'	6,685	No puedo ir contra corriente.	6,694	6,676
» 26'	6,686	Va bien contra corriente.	6,695	6,677
» 27'	6,687	Contra corriente. (V. *contra, contraria.*)	6,696	6,678
» 28'	6,688	Con la corriente.	6,697	6,679
» 29'	6,689	Arrastrado por la corriente. (V. *arrastrado*).	6,698	6,680
» 30'	6,690	Atravezado á la corriente. (V. *atravezado.*)	6,699	6,681
» 31'	6,691	Póngase atravezado á la corriente.	6,700	6,682
» 32'	6,692	Evitar atravezarse á la corriente.	6,701	6,683
» 33'	6,693	Cama de corriente.	6,702	6,684
» 34'	6,694	En la cama de la corriente.	6,703	6,685
» 35'	6,695	Fuera la cama de la corriente.	6,704	6,686
» 36'	6,696	...................»............................	»	6,687
» 37'	6,697	....	»	6,688
» 38'	6,698	....	»	6,689
» 39'	6,699	....	»	6,690
» 40'	6,700	....	»	6,691
» 41'	6,701	....	»	6,692
» 42'	6,702	....	»	6,693
» 43'	6,703	....	»	6,694
» 44'	6,704	....	»	6,695
......	......	....	......	......
178º 50'	10,730	— ECHAR fuera. (V. *echar.*)	4,183	»
» 51'	10,731	Fué echado vergonzosamento.	4,184	»

Suite du Tableau N° V.

Degrés et minutes de latitude ou de longitude	Nos d'ordre espagnols.	MOTS ET PHRASES EN ESPAGNOL.	Nos d'ordre types.	Nos d'ordre espagnols correspondant aux Nos d'ordre types.
»	15,234	GARRAR (arrastrar las anclas).	4,179	»
»	15,235	Garrar (buque arrastrando sus anclas. V. *anclas, rada,*	4,215	»
»	15,236	Garra Vd. sobre sus anclas? [*derivar.*)	4,216	»
»	15,237	Garramos sobre nuestra anclas.	4,217	»
»	15,238	Garramos, vamos á aparejar (izar velas).	4,218	»
»	15,239	Vd. garra, fondee Vd. otra ancla.	4,219	»
»	15,240	Garra Vd. sobre sus anclas.	4,220	»
»	15,241	Temo de garrar sobre mis anclas.	4,221	»
»	15,242	No garramos sobre nuestras anclas.	4,222	»
»	15,243	Si Vd. no garra sobre sus anclas.	4,223	»
»	15,244	Si Vd. garra sobre sus anclas.	4,224	»
»	15,245	Si Vd. garra, apareje Vd. inmediatamente.	4,225	»
»	15,246	El buque en el rumbo q. v. d. garra sobre sus anclas.	4,226	»
»	15,247	Tener un escandallo para asegurarse que no garra Vd.	4,227	»
»	15,248	Ha garrado sobre sus anclas.	4,228	»
»	15,249	Ha garrado sobre los peligros. (V. *peligros, arecifes.*)	4,229	»
»	27,654	— PRESENTE (tiempo que corre. V. *dia, semana,* [*mes, año.*)	6,673	»
»	28,170	— QUECHEMARIN (buque de cabotage).	4,181	»
»	28,171	— El buque que está en vista es un quechemarin.	4,182	»

TABLEAU N° VI.

Extrait de la Table syllabique pour toutes les nations, avec les lettres de l'alphabet pour lesquelles les trente et un premiers numéros ont été réservés.

Nos d'ordre.	Syllabes.	Nos d'ordre.	Syllabes.	Nos d'ordre.	Syllabes.	Nos d'ordre.	Syllabes.	Nos d'ordre.	Syllabes.
1	A	33,313	bagt	33,334	bar	33,355	beb	33,376	beq
33,200	aa	33,314	bah	33,335	bard	33,356	bec	33,377	ber
33,201	ab	33,315	bai	33,336	bars	33,357	bed	33,378	bers
33,202	aba	33,316	baid	33,337	bart	33,358	bée	33,379	bert
33,203	abac	33,317	baii	33,338	bas	33,359	bef	33,380	bes
33,204	abad	33,318	baim	33,339	bast	33,360	beg	33,381	best
33,205	abaf	33,319	bain	33,340	bat	33,361	beh	33,382	bet
.....	.....	33,320	baj	33,341	bath	33,362	bei	33,383	beu
2	B	33,321	bak	33,342	bau	33,363	bej	33,384	beux
33,301	ba	33,322	bal	33,343	baux	33,364	bek	33,385	bev
33,302	baa	33,323	bald	33,344	bauz	33,365	bel	33,386	bew
33,303	bab	33,324	balt	33,345	bav	33,366	belt	33,387	bex
33,304	bac	33,325	bam	33,346	baw	33,367	bem	33,388	bey
33,305	bach	33,326	bams	33,347	bax	33,368	bems	33,389	beyr
33,306	back	33,327	ban	33,348	bay	33,369	ben	33,390	beys
33,307	bad	33,328	banc	33,349	bayl	33,370	bend	33,391	beyt
33,308	badl	33,329	bant	33,350	bays	33,371	bens	33,392	bez
33,309	bae	33,330	bao	33,351	bayt	33,372	bent	33,393	BI
33,310	baf	33,331	bap	33,352	baz	33,373	beo	33,394	bia
33,311	baft	33,332	baph	33,353	BE	33,374	bep	33,395	bib
33,312	bag	33,333	bapt	33,354	bea	33,375	beph	33,396	bic

Suite du Tableau N° VI.

Nos d'ordre.	Syllabes.	Nos d'ordre.	Syllabes.	Nos d'ordre.	Syllabes.	Nos d'ordre.	Syllabes.	Nos d'ordre.	Syllabes.
33,397	bict	33,407	bil	33,417	biq	33,427	biw	33,437	blag
33,398	bid	33,408	bild	33,418	bir	33,428	bix	33,438	blah
33,399	bidl	33,409	bilt	33,419	birc	33,429	biz	33,439	blai
33,400	bie	33,410	bim	33,420	bird	33,430	BL	33,440	blaj
33,401	bif	33,411	bims	33,421	birs	33,431	bla	33,441	blak
33,402	big.	33,412	bin	33,422	birt	33,432	blab	33,442	blal
33,403	bih	33,413	bins	33,423	bis	33,433	blac	33,443	blam
33,404	bii	33,414	bint	33,424	bit	33,434	blad	......	......
33,405	bij	33,415	bio	33,425	biu	33,435	blae	......	......
33,406	bik	33,416	bip	33,426	biv	33,436	blaf	......	......

TABLEAU N° VII.

Extrait de la Table pour signaler les quantièmes.

Nota. Les jours et les mois sont portés au Vocabulaire, à leur ordre alphabétique, avec les phrases qui y sont relatives.

Janvier.		Février.		Mars.		Avril.		Mai.		Juin.	
43,200	1	43,231	1	43,260	1	43,291	1	43,321	1	43,352	1
43,201	2	43,232	2	43,261	2	43,292	2	43,322	2	43,353	2
43,202	3	43,233	3	43,262	3	43,293	3	43,323	3	43,354	3
43,203	4	43,234	4	43,263	4	43,294	4	43,324	4	43,355	4
43,204	5	43,235	5	43,264	5	43,295	5	43,325	5	43,356	5
43,205	6	43,236	6	43,265	6	43,296	6	43,326	6	43,357	6
43,206	7	43,237	7	43,266	7	43,297	7	43,327	7	43,358	7
43,207	8	43,238	8	43,267	8	43,298	8	43,328	8	43,359	8
43,208	9	43,239	9	43,268	9	43,299	9	43,329	9	43,360	9
43,209	10	43,240	10	43,269	10	43,300	10	43,330	10	43,361	10
43,210	11	43,241	11	43,270	11	43,301	11	43,331	11	43,362	11
43,211	12	43,242	12	43,271	12	43,302	12	43,332	12	43,363	12
43,212	13	43,243	13	43,272	13	43,303	13	43,333	13	43,364	13
43,213	14	43,244	14	43,273	14	43,304	14	43,334	14	43,365	14
43,214	15	43,245	15	43,274	15	43,305	15	43,335	15	43,366	15
43,215	16	43,246	16	43,275	16	43,306	16	43,336	16	43,367	16
43,216	17	43,247	17	43,276	17	43,307	17	43,337	17	43,368	17
43,217	18	43,248	18	43,277	18	43,308	18	43,338	18	43,369	18
43,218	19	43,249	19	43,278	19	43,309	19	43,339	19	43,370	19
43,219	20	43,250	20	43,279	20	43,310	20	43,340	20	43,371	20
43,220	21	43,251	21	43,280	21	43,311	21	43,341	21	43,372	21
43,221	22	43,252	22	43,281	22	43,312	22	43,342	22	43,373	22
43,222	23	43,253	23	43,282	23	43,313	23	43,343	23	43,374	23
43,223	24	43,254	24	43,283	24	43,314	24	43,344	24	43,375	24
43,224	25	43,255	25	43,284	25	43,315	25	43,345	25	43,376	25
43,225	26	43,256	26	43,285	26	43,316	26	43,346	26	43,377	26
43,226	27	43,257	27	43,286	27	43,317	27	43,347	27	43,378	27
43,227	28	43,258	28	43,287	28	43,318	28	43,348	28	43,379	28
43,228	29	43,259	29	43,288	29	43,319	29	43,349	29	43,380	29
43,229	30			43,289	30	43,320	30	43,350	30	43,381	30
43,230	31			43,290	31			43,351	31		

TABLEAU N° VIII.

Extrait de la Table pour signaler les prénoms les plus usités.

Nos d'ordre.	PRÉNOMS.	Nos d'ordre.	PRÉNOMS.	Nos d'ordre.	PRÉNOMS.	Nos d'ordre.	PRÉNOMS.
	A						
43,565	Aaron.	43,581	Adolphe.	43,597	Alida.	43,613	Anicet.
43,566	Abdias.	43,582	Adrien.	43,598	Aline.	43,614	Anna.
43,567	Abdon.	43,583	Agar.	43,599	Alphonse.	43,615	Anne.
43,568	Abel.	43,584	Agathe.	43,600	Amable.	43,616	Annibal.
43,569	Abigail.	43,585	Aglaé.	43,601	Arnaud.	43,617	Anselme.
43,570	Abraham.	43,586	Agnès.	43,602	Amanda.	43,618	Antenor.
43,571	Absalon.	43,587	Agricola.	43,603	Ambroise.	43,619	Antoine.
43,572	Achille.	43,588	Aimé.	43,604	Amédée.	43,620	Antoinette.
43,573	Ada.	43,589	Aimée.	43,605	Amélie.	43,621	Antonin.
43,574	Adam.	43,590	Albert.	43,606	Anaclet.	43,622	Apolinaire.
43,575	Adamis.	43,591	Albertine.	43,607	Anaïs.	43,623	Arcade.
43,576	Adélaïde.	43,592	Alcide.	43,608	Anastasie.	43,624	Aristide.
43,577	Adèle.	43,593	Alexandre.	43,609	Anatole.	43,625	Armand.
43,578	Adelgunde.	43,594	Alexis.	43,610	André.	43,626	Arnauld.
43,579	Adélie.	43,595	Alfred.	43,611	Ange.	......	....
43,580	Adéline.	43,596	Alice.	43,612	Angélique.		

TABLEAU N° IX.

Extrait de la Table pour signaler les nombres au-dessus de 100,000.

Nos d'ordre.	NOMBRES.	Nos d'ordre.	NOMBRES.	Nos d'ordre.	NOMBRES.	Nos d'ordre.	NOMBRES.
44,665	100,000	44,675	1,100,000	44,685	2,100,000	44,695	3,100,000
44,666	200,000	44,676	1,200,000	44,686	2,200,000	44,696	3,200,000
44,667	300,000	44,677	1,300,000	44,687	2,300,000	44,697	3,300,000
44,668	400,000	44,678	1,400,000	44,688	2,400,000	44,698	3,400,000
44,669	500,000	44,679	1,500,000	44,689	2,500,000	44,699	3,500,000
44,670	600,000	44,680	1,600,000	44,690	2,600,000	44,700	3,600,000
44,671	700,000	44,681	1,700,000	44,691	2,700,000	44,701	3,700,000
44,672	800,000	44,682	1,800,000	44,692	2,800,000	44,702	3,800,000
44,673	900,000	44,683	1,900,000	44,693	2,900,000	44,703	3,900,000
44,674	1,000,000	44,684	2,000,000	44,694	3,000,000	....	....

TABLEAU N° X.

Extrait de la Table pour signaler les secondes de temps ou de degrés.

Nos d'ordre.	Secondes	Nos d'ordre.	Secondes	Nos d'ordre.	Secondes	Nos d'ordre.	Secondes	Nos d'ordre.	Secondes
45,689	1"	45,695	7"	45,701	13"	45,707	19"	45,713	25"
45,690	2"	45,696	8"	45,702	14"	45,708	20"	45,714	26"
45,691	3"	45,697	9"	45,703	15"	45,709	21"	45,715	27"
45,692	4"	45,698	10"	45,704	16"	45,710	22"	....	....
45,693	5"	45,699	11"	45,705	17"	45,711	23"		
45,694	6"	45,700	12"	45,706	18"	45,712	24"		

TABLEAU N° XI.

Table pour signaler les millimètres.

Nos d'ordre.	Millimètres.	Nos d'ordre.	Millimètres.	Ncs d'ordre.	Millimètres.	Nos d'ordre.	Millimètres.
45,749	1 m/m	45,752	4 m/m	45,755	7 m/m	45,758	10 m/m
45,750	2 m/m	45,753	5 m/m	45,756	8 m/m		
45,751	3 m/m	45,754	6 m/m	45,757	9 m/m		

TABLEAU N° XII.

Extrait de la Table géographique.

Nota. La position géographique des lieux est notée à la suite de leur nom ; la latitude au-dessus de la barre et la longitude en dessous. Les lettres N, S, E et O indiquent leur dénomination. Pour les feux, F signifie *fixe* ; T, *tournant* ; E, *à éclipse* ; P, *portée ou distance de laquelle on les voit*, et M, *milles*.

Le nom du lieu seul.	Allant à... ou allant reconnaître le.	Venant de.... ou venant de reconnaître le.	NOMS DES LIEUX des feux, des barres, caps, pointes, etc.
46,859	46,860	46,861	Biafra (côte de)................. Afrique.
46,862	46,863	46,864	Biafra (golfe de)................. Afrique.
46,865	46,866	46,867	Bianco de Malazzo (cap)............ 38° 16' N. / 12° 54' E.
46,868	46,869	46,870	Bianco (cap). Voir *Blanc*.......... 37° 22' N. / 10° 56' E.
46,871	46,872	46,873	Biarritz..................... 43° 30' N. / 4° 53' O.
46,874	46,875	46,876	Dito feu T. à E. P. 22 M.
46,877	46,878	46,879	Bicanere...................... 27° 57' N. / 70° 42' O.
			Bic (Voir *Bicquetto*).
46,880	46,881	46,882	Bickerton (île)................. 13° 45' S. / 133° 54' E.
46,883	46,884	46,885	Bicquetto ou Bic (île)............ 48° 25' N. / 71° 13' O.
46,886	46,887	46,888	Dito feu T. P. 17 M.
46,889	46,890	46,891	Bidassoa (rivière, entrée)........ Espagne.
46,892	46,893	46,894	Bideford..................... 51° 4' N. / 6° 38' O.
46,895	46,896	46,897	Dito feu F. P. 14 M. (Feux allumés à mi-
46,898	46,899	46,900	Dilo feu F. P. 11 M. (marée seulement.
46,901	46,902	46,903	Bidenden (tour de)............. 51° 7' N. / 1° 42' O.
46,904	46,905	46,906	Bidston..................... 53° 24' N. / 5° 24' O.
46,907	46,908	46,909	Dito feu F. P. 23 M.
46,910	46,911	46,912	Biéglitz (pointe)................. Russie.
46,913	46,914	46,915	Dito feu F. P. 10 M. (Allumés seule- ment occasionnellement.)
46,916	46,917	46,918	Biélosarai..................... 46° 53' N. / 35° 1' E.
46,919	46,920	49,921	Dito feu F. P. 14 M.

Suite du Tableau N° XII.

Le nom du lieu seul.	Allant à... ou allant reconnaître le.	Venant de.... ou venant de reconnaître le.	NOMS DES LIEUX des feux, des barres, caps, pointes, etc.	
46,922	46,923	46,924	Biéque (île)...................	18° 9' N. 67° 39' O.
46,925	46,926	46,927	Bigali (île).................	8° 12' N. 147° 20' E.
46,928	46,929	46,930	Bigan (rade).................	17° 45' N. 118° 24' E.
46,931	46,932	46,933	Bigbury....................	50° 18' N. 6° 12' O.
46,934	46,935	46,936	Bigh......................	24° 14' N. 82° 51' E.
46,937	46,938	46,939	Bigh (Australie)............	31° 29' S. 128° 48' E.
46,940	46,941	46,942	Bijarre (île)..............	2° 15' N. 122° 50' E.
46,943	46,944	46,945	Bikillam (île).............	'16° 18' N. 39° 15' E.
46,946	46,947	46,948	Bilbao (ville)..............	43° 15' N. 5° 3' O.
46,949	46,950	46,951	Bilbao (rivière, entrée).........	43° 17' N. 5° 9' O.
46,952	46,953	46,954	Billingsgate..............	41° 52' N. 72° 24' O.
46,955	46,956	46,957	Dito feu F. P. 11 M.	
46,958	46,959	46,960	Billiton (île)..............	2° 36' S. 105° 25' E.
46,961	46,962	46,963	Billiton (détroit de).............	Inde.
46,964	46,965	46,966	Biloxi (baie Chandeleur)..........	30° 24' N. 91° 14' O.
46,967	46,968	46,969	Dito feu F. P. 12 M.	
46,970	46,971	46,972	Bima (baie)..................	8° 8' S. 116° 16' E.
46,973.	46,974	46,975	Bimlapatam (port).............	17° 53' N. 81° 14' E.
46,976	46,977	46,978	Bindloes (île)...............	0° 15' N. 92° 50' O.
46,979	46,980	46,981	Bingaro (île).................	10° 55' N. 70° 8' E.
46,982	46,983	46,984	Binic (port).................	48° 36' N. 5° 9' O.
46,985	46,986	46,987	Dito feu F. P. 10 M.	
46,988	46,989	46,990	Bintang (îlot).............	1° 12' N. 101° 55' E.
46,991	46,992	46,993	Biobio (rivière, entrée)..........	36° 46' S. 75° 34' O.
46,994	46,995	46,996	Biot (cap)...................	71° 53' N. 25° 40' O.
46,997	46,998	46,999	Bird (île, baie d'Algoa)..........	33° 52' S. 23° 54' E.
47,000	47,001	47,002	Dito feu F. P. 12 M.	

Suite du Tableau N° XII.

Le nom du lieu seul.	Allant à... ou allant reconnaître le.	Venant de.... ou venant de reconnaître le.	NOMS DES LIEUX des feux, des barres, caps, pointes, etc.	
47,003	47,004	47,005	Bird (île Sandwich)..............	23° 4' N. 164° 23' O.
47,006	47,007	47,008	Bird (ou île de l'Oiseau).........	17° 49' S. 145° 3' O.
47,009	47,010	47,011	Bird-Island	41° 40' N. 73° 31' O.
47,012	47,013	47,014	Dito feu T. à E. P. 15 M.	
47,015	47,016	47,047	Bird (île, celle de l'Est)..........	33° 52' S. 23° 54' E.
47,018	47,019	47,020	Dito feu F. P. 12 M.	
47,021	47,022	47,023	Dito tour. (Elle est peinte par bandes horizontales blanches et noires.)	
47,024	47,025	47,026	Bird (île).....................	11° 44' S. 140° 38' E.
47,027	47,028	47,029	Birmanie (empire de Inde).	
47,030	47,031	47,032	Birmingham	52° 30' N. 4° 14' O.
47,033	47,034	47,035	Biron (île).....................	1° 10' S. 174° 48' E.
47,036	47,037	47,038	Biron (cap).....................	2° 30' S. 146° 42' E.
47,039	47,040	47,041	Birtenbey	53° 20' N. 12° 10' O.
47,042	47,043	47,044	Biscaye (baie de)................	46° 42' N. 55° 35' O.
			Dito golfe. (Voir *Gascogne*.)	
47,045	47,046	47,047	Biscayno (Caye).................	25° 40' N. 82° 25' O.
47,048	47,049	47,050	Dito feu F. P. 13 M. (surnommé *Floride*).	
....	....	....	....	

TABLEAU N° XIII.

Extrait de la Table des noms de navires de guerre et du commerce de toutes les nations.

Nos d'ordre.	NOMS DES NAVIRES.	Nos d'ordre.	NOMS DES NAVIRES.	Nos d'ordre.	NOMS DES NAVIRES.	Nos d'ordre.	NOMS DES NAVIRES.
65,200	Adolphe.	65,215	— Yates.	65,230	Adrianus.	65,244	Æ.—A.
65,201	— Blanche.	65,216	Adonai.	65,231	— Jacobus.	65,245	Aegir.
65,202	— Édouard.	65,217	Adone.	65,232	— Willem.	65,246	Aeolus.
65,203	· Émilie.	65,218	Adonis.	65,233	— Adriatic.	65,247	Aeren.
65,204	— Frédérick.	65,219	Adorateur.	65,234	— Adrien.	65,248	Aërial.
65,205	— Hendriek.	65,220	Adour.	65,235	— Félicie.	65,249	Æroe.
65,206	· Kirstine.	65,221	Adrastus.	65,236	Adrienne.	65,250	Aeron–Lass.
65,207	— Laure.	65,222	Adria.	65,237	Adroit.	65,251	Ætna.
65,208	— Lecour.	65,223	Adrian.	65,238	Adroitte.	65,252	Allab'e.
65,209	— Michels.	65,224	Adriana.	65,239	Adur.	65,253	— Sophie.
65,210	— Van–Nassau.	65,225	— Jacoba.	65,240	Advance.	65,254	Afferione.
65,211	— Von-Lontzow.	65,226	— Petronella.	65,241	Advena.	65,255	Afghan.
65,212	— Werner.	65,227	Adriano.	65,242	Adventure.	......	....
65,213	Adolphine.	65,228	Adrianopel.	65,243	Advocate.		
65,214	Adolphus.	65,229	Adrianople.				

TABLEAU N° XIV.

Extrait de la Table de réduction des poids, mesures et monnaies de diverses nations, en poids, mesures et monnaies français, qui seuls serviront de type pour les communications internationales.

FRANCE.

Monnaies.

Le franc (divisé en centièmes ou centimes).
Le centime (centième partie du franc).

Poids.

Le kilogramme (divisé en mille parties ou grammes).
Le gramme (millième partie du kilogramme et divisé en cent parties).
Le centigramme (centième partie du gramme).

Mesures itinéraires.

Le kilomètre (de mille mètres).
Le mille marin, de 60 au degrés, 1851 mètres.

Mesures de longueur.

Le mètre (divisé en cent parties ou centimètres).
Le centimètre (centième partie du mètre, et divisé en dix parties).
Le millimètre (millième du mètre et dixième du centimètre).
La brasse marine valant 1 mètre 62 centimètres.

Mesures de capacité.

L'hectolitre (divisé en cent parties ou litres).
Le litre (centième partie de l'hectolitre, et divisé en cent parties).
Le centilitre (centième partie du litre).
Tonneau de mer pesant 1000 kilogrammes.

ANGLETERRE.

Monnaies.

	F.	C.
La livre sterling (divisée en 20 shellings) vaut	25	»
Le shelling (divisé en 12 pences) vaut	1	25
Le pence vaut	»	10 ¹/₂

Poids.

	K.	G.	M.
La livre (divisée en 16 onces) vaut	»	453	»
L'once (divisée en 16 drams) vaut	»	28	»
Le quintal (de 112 livres) vaut	50	797	»
Le tonneau de mer (de 20 quintaux) vaut	1015	930	»

Mesures de longueur.

	M.	C.	M.
Le yard (de 3 pieds) vaut	»	91	4
Le pied (de 12 pouces) vaut	»	30	4
Le pouce (de 12 lignes) vaut	»	2	5
La ligne vaut	»	»	1 ¹/₂
La brasse marine (de 6 pieds) vaut	1	89	9

Mesures itinéraires.

	M.	C.	M.
Le mille (1760 yards) vaut	1609	»	»
La lieue marine (de 3 milles et 454 yards) vaut	5558	»	»

Mesures de capacité.

	Hectol.	Litre	Cent.
Le quarter (de 8 boisseaux) vaut	2	90	75
Le boisseau (de 8 gallons) vaut	»	36	34
Le gallon (de 4 quarts) vaut	»	4	54
Le quart (de 2 pints) vaut	»	1	13
Le pints vaut	»	»	55 ¹/₂

ESPAGNE.

Monnaies.

	F.	G.	M.
La Piastre forte (de 20 réaux de veillons) vaut	5	40	»
Le Réal de veillon (de 100 cuartos) vaut	»	27	»
Le Cuarto vaut	»	»	27

Poids.

	K.	G.	C.
Le Quintal (de 4 arrobas) vaut	46	9	»
L'Arroba (de 25 livres) vaut	11	501	»
La Livre (de 2 marcs) vaut	»	460	»
Le Marc (de 8 onces) vaut	»	230	»
L'Once vaut	»	28	75
Le Tonneau de mer (de 20 quintaux) vaut	920	186	»

Mesures de longueur.

	M.	C.	M.
Le Vare (de 3 pieds de Castille) vaut	»	85	0
Le Pied (de 12 pouces) vaut	»	27	8
Le Pouce (de 12 lignes) vaut	»	2	3
La Ligne vaut	»	»	1 ¹/₂

Mesures de capacité.

	litres.	C.	M.
Le Fanégue vaut	55	50	1
Le Arroba (de 32 couartillos) vaut	16	13	3
Le Couartillo vaut	»	50	4

Mesures itinéraires.

Le Mille ⎤
La Lieue ⎦ varient selon les provinces.
La brasse marine vaut 1 mètre 71 millimètres.

TABLEAU N° XV.

Extrait de la Table de traduction de la première Méthode appartenant au Vocabulaire français.

Les trois colonnes en blanc ne sont établies que pour figurer, l'ouvrage n'étant pas traduit en ces langues.

Français.	Anglais.	Espagnol.	Hollandais.	Russe.	Danois.
4,174	15,234	4,184			
4,175	15,235	4,185			
4,176	15,236	4,186			
4,177	4,185	4,487			
4,178	4,186	4,188			
4,179	10,516	15,234			
4,180	4,487	4,189			
4,181	17,400	28,170			
4,182	17,401	28,171			
4,183	32,510	10,730			
4,184	32,511	10,731			
4,185	4,188	4,190			
4,186	4,189	4,191			
4,187	4,190	4,192			
4,188	4,191	4,193			
4,189	4,192	4,194			
4,190	4,193	4,195			
4,191	4,194	4,196			
4,192	4,195	4,197			
4,193	4,196	4,198			
4,194	4,197	4,199			
4,195	4,198	4,200			
4,196	4,199	4,201			
4,197	4,200	4,202			
4,198	4,201	4,203			
4,199	4,202	4,204			
4,200	4,203	4,205			
4,201	4,204	4,206			
4,202	4,205	4,207			
4,203	4,206	4,208			
4,204	4,207	4,209			
4,205	4,208	4,210			
4,206	4,209	4,211			
4,207	4,210	4,212			
4,208	4,211	4,213			
4,209	4,212	4,214			
4,210	4,213	4,215			
4,211	4,214	4,216			
4,212	4,215	4,217			
4,213	4,216	4,218			
4,214	31,433	4,219			
4,215	10,517	15,235			
4,216	10,518	15,236			
4,217	10,519	15,237			
4,218	10,520	15,238			
4,219	10,521	15,239			
4,220	10,522	15,240			

Français.	Anglais.	Espagnol.	Hollandais.	Russe.	Danois.
4,221	10,523	15,241			
4,222	10,524	15,242			
4,223	10,525	15,243			
4,224	10,526	15,244			
4,225	10,527	15,245			
4,226	10,528	15,246			
4,227	10,529	15,247			
4,228	10,530	15,248			
4,229	10,531	15,249			
......	......	......			
6,671	27,342	6,663			
6,672	28,007	6,664			
6,673	22,222	27,654			
6,674	6,678	6,665			
6,675	6,679	6,666			
6,676	6,680	6,667			
6,677	6,681	6,668			
6,678	6,682	6,669			
6,679	6,683	6,670			
6,680	6,684	6,671			
6,681	6,685	6,672			
6,682	6,686	6,673			
6,683	6,687	6,674			
6,684	6,688	6,675			
6,685	6,689	6,676			
6,686	6,690	6,677			
6,687	6,691	6,678			
6,688	6,692	6,679			
6,689	6,693	6,680			
6,690	6,694	6,681			
6,691	6,695	6,682			
6,692	6,696	6,683			
6,693	6,697	6,684			
6,694	6,698	6,685			
6,695	6,699	6,686			
6,696	6,700	6,687			
6,697	6,701	6,688			
6,698	6,702	6,689			
6,699	6,703	6,690			
6,700	6,704	6,691			
6,701	6,705	6,692			
6,702	6,706	6,693			
6,703	6,707	6,694			
6,704	6,708	6,695			
......	......	......			

TABLEAU N° XVI.

Extrait de la Table de traduction de la première Méthode appartenant au Vocabulaire anglais.

Les trois colonnes en blanc ne sont établies que pour figurer, l'ouvrage n'étant pas traduit en ces langues.

Anglais.	Français.	Espagnol.	Hollandais.	Russe.	Danois.
4,185	4,177	4,187			
4,186	4,178	4,188			
4,187	4,180	28,170			
4,188	4,185	4,190			
4,189	4,186	4,191			
4,190	4,187	4,192			
4,191	4,188	4,193			
4,192	4,189	4,194			
4,193	4,190	4,195			
4,194	4,191	4,196			
4,195	4,192	4,197			
4,196	4,193	4,198			
4,197	4,194	4,199			
4,198	4,195	4,200			
4,199	4,196	4,201			
4,200	4,197	4,202			
4,201	4,198	4,203			
4,202	4,199	4,204			
4,203	4,200	4,205			
4,204	4,201	4,206			
4,205	4,202	4,207			
4,206	4,203	4,208			
4,207	4,204	4,209			
4,208	4,205	4,210			
4,209	4,206	4,211			
4,210	4,207	4,212			
4,211	4,208	4,213			
4,212	4,209	4,214			
4,213	4,210	4,215			
4,214	4,211	4,216			
4,215	4,212	4,217			
4,216	4,213	4,218			
. . . . . .	. . . . . .	. . . . . .			
6,678	6,674	6,665			
6,679	6,675	6,666			
6,680	6,676	6,667			
6,681	6,677	6,668			
6,682	6,678	6,669			
6,683	6,679	6,670			
6,684	6,680	6,671			
6,685	6,681	6,672			
6,686	6,682	6,673			
6,687	6,683	6,674			
6,688	6,684	6,675			
6,689	6,685	6,676			
6,690	6,686	6,677			
6,691	6,687	6,678			
6,692	6,688	6,679			
6,693	6,689	6,680			
6,694	6,690	6,681			

Anglais.	Français.	Espagnol.	Hollandais.	Russe.	Danois.
6,695	6,691	6,682			
6,696	6,692	6,683			
6,697	6,693	6,684			
6,698	6,694	6,685			
6,699	6,695	6,686			
6,700	6,696	6,687			
6,701	6,697	6,688			
6,702	6,698	6,689			
6,703	6,699	6,690			
6,704	6,700	6,691			
6,705	6,701	6,692			
6,706	6,702	6,693			
6,707	6,703	6,694			
6,708	6,704	6,695			
. . . . . .	. . . . . .	. . . . . .			
10,516	4,179	15,234			
10,517	4,215	15,235			
10,518	4,216	15,236			
10,519	4,217	15,237			
10,520	4,218	15,238			
10,521	4,219	15,239			
10,522	4,220	15,240			
10,523	4,221	15,241			
10,524	4,222	15,242			
10,525	4,223	15,243			
10,526	4,224	15,244			
10,527	4,225	15,245			
10,528	4,226	15,246			
10,529	4,227	15,247			
10,530	4,228	15,248			
10,531	4,229	15,249			
. . . . . .	. . . . . .	. . . . . .			
15,234	4,174	4,184			
15,235	4,175	4,185			
15,236	4,176	4,186			
. . . . . .	. . . . . .	. . . . . .			
17,400	4,181	28,170			
17,401	4,182	28,171			
. . . . . .	. . . . . .	. . . . . .			
22,222	6,673	27,654			
. . . . . .	. . . . . .	. . . . . .			
27,312	6,674	6,663			
. . . . . .	. . . . . .	. . . . . .			
28,007	6,672	6,664			
. . . . . .	. . . . . .	. . . . . .			
34,433	4,214	4,219			
. . . . . .	. . . . . .	. . . . . .			
32,510	4,183	10,730			
32,511	4,184	10,731			
. . . . . .	. . . . . .	. . . . . .			

TABLEAU N° XVII.

Extrait de la Table de traduction de la première Méthode appartenant au Vocabulaire espagnol.

Les trois colonnes en blanc ne sont établies que pour figurer, l'ouvrage n'étant pas traduit en ces langues.

Espagnol.	Français.	Anglais.	Hollandais.	Russe.	Danois.	Espagnol.	Français.	Anglais.	Hollandais.	Russe.	Danois.
4,184	4,174	15,234				6,674	6,683	6,687			
4,185	4,175	15,235				6,675	6,684	6,688			
4,186	4,176	15,236				6,676	6,685	6,689			
4,187	4,177	4,185				6,677	6,686	6,690			
4,188	4,178	4,186				6,678	6,687	6,691			
4,189	4,180	4,187				6,679	6,688	6,692			
4,190	4,185	4,188				6,680	6,689	6,693			
4,191	4,186	4,189				6,681	6,690	6,694			
4,192	4,187	4,190				6,682	6,691	6,695			
4,193	4,188	4,191				6,683	6,692	6,696			
4,194	4,189	4,192				6,684	6,693	6,697			
4,195	4,190	4,193				6,685	6,694	6,698			
4,196	4,191	4,194				6,686	6,695	6,699			
4,197	4,192	4,195				6,687	6,696	6,700			
4,198	4,193	4,196				6,688	6,697	6,701			
4,199	4,194	4,197				6,689	6,698	6,702			
4,200	4,195	4,198				6,699	6,690	6,703			
4,201	4,196	4,199				6,691	6,700	6,704			
4,202	4,197	4,200				6,692	6,701	6,705			
4,203	4,198	4,201				6,693	6,702	6,706			
4,204	4,199	4,202				6,694	6,703	6,707			
4,205	4,200	4,203				6,695	6,704	6,708			
4,206	4,201	4,204				.....	.....	.....			
4,207	4,202	4,205				10,730	4,183	32,510			
4,208	4,203	4,206				10,731	4,184	32,511			
4,209	4,204	4,207				.....	.....	.....			
4,210	4,205	4,208				15,234	4,179	10,516			
4,211	4,206	4,209				15,235	4,215	10,517			
4,212	4,207	4,210				15,236	4,216	10,518			
4,213	4,208	4,211				15,237	4,217	10,519			
4,214	4,209	4,212				15,238	4,218	10,520			
4,215	4,210	4,213				15,239	4,219	10,521			
4,216	4,211	4,214				15,240	4,220	10,522			
4,217	4,212	4,215				15,241	4,221	10,523			
4,218	4,213	4,216				15,242	4,222	10,524			
4,219	4,214	4,217				15,243	4,223	10,525			
.....	.....	.....				15,244	4,224	10,526			
6,663	6,671	27,342				15,245	4,225	10,527			
6,664	6,672	28,007				15,246	4,226	10,528			
6,665	6,674	6,678				15,247	4,227	10,529			
6,666	6,675	6,679				15,248	4,228	10,530			
6,667	6,676	6,680				15,249	4,229	10,531			
6,668	6,677	6,681				.....	.....	.....			
6,669	6,678	6,682				27,654	6,673	22,222			
6,670	6,679	6,683				.....	.....	.....			
6,671	6,680	6,684				28,170	4,184	17,400			
6,672	6,681	6,685				28,171	4,182	17,404			
6,673	6,682	6,686				.....	.....	.....			

TABLEAU N° XVIII.

Extrait de la Table de traduction de la deuxième Méthode appartenant au Vocabulaire anglais.

Nos d'ordre types.	Nos d'ordre correspondants anglais.	Nos d'ordre types.	Nos d'ordre correspondants anglais.	Nos d'ordre types.	Nos d'ordre correspondants anglais.	Nos d'ordre types.	Nos d'ordre correspondants anglais.	Nos d'ordre types.	Nos d'ordre correspondants anglais.	Nos d'ordre types.	Nos d'ordre correspondants anglais.
4,174	15,234	4,190	4,193	4,206	4,209	4,222	10,524	6,678	6,682	6,694	6,698
4,175	15,235	4,191	4,194	4,207	4,210	4,223	10,525	6,679	6,683	6,695	6,699
4,176	15,236	4,192	4,195	4,208	4,211	4,224	10,526	6,680	6,684	6,696	6,700
4,177	4,185	4,193	4,196	4,209	4,212	4,225	10,527	6,681	6,685	6,697	6,701
4,178	4,186	4,194	4,197	4,210	4,213	4,226	10,528	6,682	6,686	6,698	6,702
4,179	10,516	4,195	4,198	4,211	4,214	4,227	10,529	6,683	6,687	6,699	6,703
4,180	4,187	4,196	4,199	4,212	4,215	4,228	10,530	6,684	6,688	6,700	6,704
4,181	17,400	4,197	4,200	4,213	4,216	4,229	10,531	6,685	6,689	6,701	6,705
4,182	17,401	4,198	4,201	4,214	31,433	......	......	6,686	6,690	6,702	6,706
4,183	32,510	4,199	4,202	4,215	10,517	6,671	27,342	6,687	6,691	6,703	6,707
4,184	32,511	4,200	4,203	4,216	10,518	6,672	28,007	6,688	6,692	6,704	6,708
4,185	4,188	4,201	4,204	4,217	10,519	6,673	22,222	6,689	6,693	......	......
4,186	4,189	4,202	4,205	4,218	10,520	6,674	6,678	6,690	6,694		
4,187	4,190	4,203	4,206	4,219	10,521	6,675	6,679	6,691	6,695		
4,188	4,191	4,204	4,207	4,220	10,522	6,676	6,680	6,692	6,696		
4,189	4,192	4,205	4,208	4,224	10,523	6,677	6,681	6,693	6,697		

TABLEAU N° XIX.

Extrait de la Table de traduction de la deuxième Méthode appartenant au Vocabulaire espagnol.

Nos d'ordre types.	Nos d'ordre correspondants espagnols.	Nos d'ordre types.	Nos d'ordre correspondants espagnols.	Nos d'ordre types.	Nos d'ordre correspondants espagnols.	Nos d'ordre types.	Nos d'ordre correspondants espagnols.	Nos d'ordre types.	Nos d'ordre correspondants espagnols.	Nos d'ordre types.	Nos d'ordre correspondants espagnols.
4,174	4,184	4,190	4,195	4,206	4,211	4,222	15,242	6,678	6,669	6,694	6,685
4,175	4,185	4,191	4,196	4,207	4,212	4,223	15,243	6,679	6,670	6,695	6,686
4,176	4,186	4,192	4,197	4,208	4,213	4,224	15,244	6,680	6,671	6,696	6,687
4,177	4,187	4,193	4,198	4,209	4,214	4,225	15,245	6,681	6,672	6,697	6,688
4,178	4,188	4,194	4,199	4,210	4,215	4,226	15,246	6,682	6,673	6,698	6,689
4,179	15,234	4,195	4,200	4,211	4,216	4,227	15,247	6,683	6,674	6,699	6,690
4,180	4,189	4,196	4,201	4,212	4,217	4,228	15,248	6,684	6,675	6,700	6,691
4,181	28,170	4,197	4,202	4,213	4,218	4,229	15,249	6,685	6,676	6,701	6,692
4,182	28,171	4,198	4,203	4,214	4,219	......	......	6,686	6,677	6,702	6,693
4,183	10,730	4,199	4,204	4,215	15,235	6,671	6,663	6,687	6,678	6,703	6,694
4,184	10,731	4,200	4,205	4,216	15,236	6,672	6,664	6,688	6,679	6,704	6,695
4,185	4,190	4,201	4,206	4,217	15,237	6,673	27,654	6,689	6,680	......	......
4,186	4,191	4,202	4,207	4,218	15,238	6,674	6,665	6,690	6,681		
4,187	4,192	4,203	4,208	4,219	15,239	6,675	6,666	6,691	6,682		
4,188	4,193	4,204	4,209	4,220	15,240	6,676	6,667	6,692	6,683		
4,189	4,194	4,205	4,210	4,221	15,241	6,677	6,668	6,693	6,684		

Au moment de terminer l'impression de la présente brochure, j'ai eu connaissance d'un nouveau Code de signaux, qui vient d'être adopté par des Commissions spéciales, en Angleterre, pour les communications internationales à la mer. Cela prouve ce que j'ai dit dans mon Introduction, que *le Code Reynold est repoussé par la marine du commerce anglais, et que, par conséquent, il n'est nullement universel*, puisque les marins français seuls s'en servent; donc il a manqué le but.

Le nouveau Code anglais récemment publié (1857) est un élément de plus qui vient augmenter la confusion qui existe pour les communications internationales à la mer, et rendre plus nécessaire une entente entre les nations maritimes, pour l'adoption d'un Code unique, choisi parmi ceux connus et qui pourraient être proposés.

Quant à la valeur de ce nouveau Code anglais, elle est bien contestable : d'abord, la méthode de signaux qu'on y a appliquée, et qui est celle de la superposition des signes entre eux, est bien inférieure à la méthode des dix signes représentant les dix chiffres de la numération; les articles du Code y sont indiqués par des combinaisons de lettres, au lieu de l'être par des numéros d'ordre; cela a conduit au grave inconvénient de ne pouvoir signaler la plupart des nombres qu'au moyen de plusieurs signaux. Il en est de même pour les degrés et minutes de latitude et de longitude, pour les heures et minutes, pour les mesures de longueur et leurs fractions, etc., etc.; ce qui rend les communications très-lentes dans la pratique, ce qu'il est urgent d'éviter par tous les moyens possibles; c'est pour cela que tous ces éléments sont signalés par ma méthode par un seul signal. De plus, cette nouvelle méthode anglaise nécessite *vingt-un signes*, pendant que la mienne n'en demande que *dix*.

Cependant, elle a l'avantage de permettre de faire un certain nombre de signaux en ne hissant que de un à quatre signes dans le même signal, pendant que ma méthode en exige de un à cinq; mais il est évident qu'il est bien plus important d'abréger les communications que de réduire le nombre des signes d'un signal, pourvu toutefois que ce nombre ne dépasse pas cinq signes, nombre qui a toujours été employé sans le moindre inconvénient; en effet, si la distance et l'état de l'atmosphère permettent de distinguer quatre signes, ils permettront de distinguer le cinquième.

Quant à la marche suivie pour la composition du nouveau Code anglais, l'expérience se charge de prouver son infériorité au point de vue des recherches à y faire et de la possibilité de le traduire en d'autres langues, car on y a suivi les mêmes errements qu'aux Codes Marriat et Reynold, que j'ai indiqués dans mon Introduction. De plus, ce nouveau Code est divisé en douze ou quatorze sections où les mots et les phrases sont jetés sans ordre alphabétique, ce qui a nécessité un *index* qui n'est qu'une répétition qui augmente inutilement le volume, et qu'il sera bien certainement impossible de traduire en d'autres langues d'une manière satisfaisante.

Comme on le voit, ce nouveau Code est loin de résoudre le problème d'une bonne télégraphie nautique *universelle;* je dirai même que la télégraphie Marriat est bien préférable.

Bordeaux. — Imp. G. GOUNOUILHOU, place Puy-Paulin, 1.

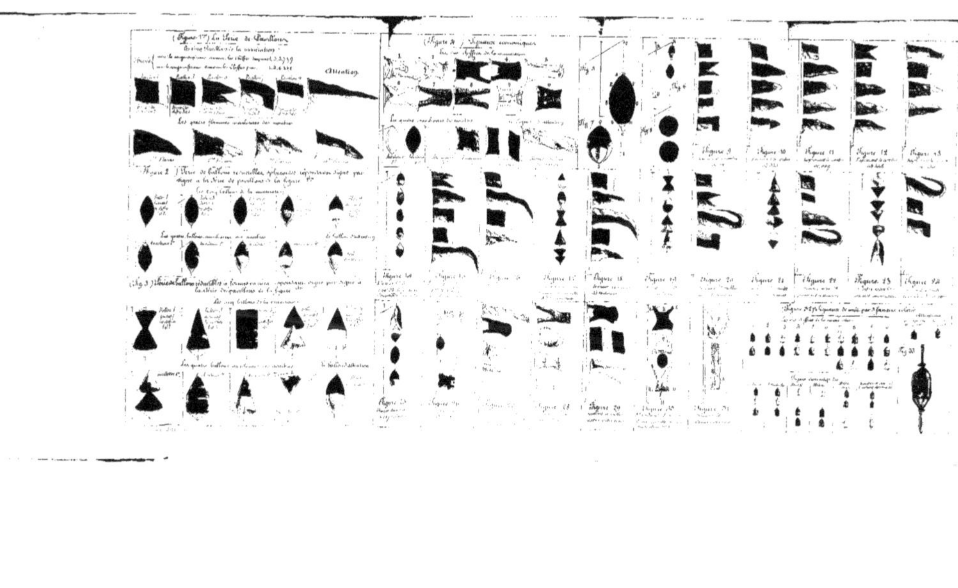